# Inhalt

W0105350

Zur Erinnerung an

# Hans Eichner
(1902–1977)

und seine Liebe zum Meer

# Vorwort

Schifffahrtsgeschichte ist Weltgeschichte. Ohne das Schiff hätte es keinen Austausch über Kontinente hinweg gegeben, gäbe es keinen florierenden Welthandel. Schiffe haben die Entwicklung der menschlichen Zivilisation entscheidend geprägt und mehr als einmal auch beschleunigt. Mitunter haben maritime Ereignisse sogar dem Lauf der Geschichte eine neue Wendung gegeben – beispielsweise mit der Landung von Christoph Kolumbus in Amerika oder durch den Untergang der Spanischen Armada.

Schifffahrtsgeschichte ist aber auch Literaturgeschichte. Viele Schriftsteller haben Reisen auf See unternommen, haben die Schönheit und Faszination des Meeres ebenso wie seine rauen Seiten am eigenen Leibe erlebt. Manche überquerten die Ozeane eher widerwillig und aus purer Notwendigkeit wie etwa Charles Dickens, manche aber auch bewusst, gern und aus Muße wie Jules Verne, Jean Cocteau oder Ernst Jünger. Gemeinsam ist ihnen jedoch, dass sie bunt und facettenreich über ihre maritimen Erlebnisse berichtet haben – ihre Reisebeschreibungen sind nicht weniger als ein faszinierendes Kaleidoskop aus zwei Jahrhunderten Schifffahrtsgeschichte. Man kann mit Fug und Recht behaupten: Die Seereise hat Literaturgeschichte geschrieben.

Ich wünsche allen Leserinnen und Lesern dieses Buchs eine spannende literarische *tour d'horizon* durch die Welt- und Schifffahrtsgeschichte.

Hamburg, im September 2015
*Prof. Peter Tamm*

# Eine kleine Geschichte der Seereise

»Ich liebe das Meer wie meine Seele«: Dieses Zitat des Dichters Heinrich Heine anlässlich eines Norderney-Aufenthalts beschreibt treffend die tiefe Sehnsucht des Menschen nach der See – und steht damit exemplarisch für das, was viele von Heines Schriftstellerkollegen in den folgenden Jahrzehnten ganz ähnlich empfanden. Denn seit jeher übt das Meer eine ganz besondere Faszination auf die Menschen aus. Erst recht, seit eine Schiffsreise mit immer weniger Beschwerlichkeiten verbunden ist und sich der Fokus von einem reinen Personentransport immer mehr in Richtung Vergnügungsreise verschoben hat.

Schriftsteller aus den unterschiedlichsten Ländern haben diese Entwicklung mit begleitet – und ihre Beobachtungen mal in persönlichen Aufzeichnungen oder plastischen Briefen, mal in literarisch überhöhter Form zu Papier gebracht. Sie fuhren dabei in den Orient oder gleich um die ganze

Welt, jagten Wale und Robben in der Arktis oder Käfer in Asien, erkundeten Fjorde und Weltstädte am Wasser. Sie besuchten ihre Sehnsuchtsorte, erfüllten sich Südseeträume oder brachen auf zu völlig neuen Ufern. Angefangen bei Charles Dickens, der 1842 eine der ersten fahrplanmäßigen Reisen per Dampfer über den Atlantik buchte (die ihm prompt durch einen veritablen Sturm verleidet wurde), bis hin zum zeitgenössischen Reiseschriftsteller Cees Nooteboom, der auf einem modernen Kreuzfahrtschiff bequem und gewissermaßen en passant das sagenumwobene Kap Hoorn umrundete und dabei noch genügend Muße fand, im Salon seine Erlebnisse an Bord niederzuschreiben. Andere wie Thomas Mann sezierten in bester Chirurgenmanier ihre Mitpassagiere und deren Verhalten an Bord, zeigten sich wie Herman Bang erschüttert angesichts der bedrohlichen Naturgewalten oder freuten sich wie Mark Twain nach anstrengenden Landausflügen auf die Rückkehr zum Schiff.

Dabei ist die Seereise in ihrer heutigen Form eine vergleichsweise junge Erscheinung. Erst die Dampfkraft macht es Anfang des 19. Jahrhunderts überhaupt möglich, nach einem verlässlichen Fahrplan und unabhängig von Wind und Strömungen die Meere zu befahren. Zu den Pionieren gehört beispielsweise die Cunard Line, die seit 1840 einen fahrplanmäßigen Post- und Passagierdienst von Europa nach Amerika etabliert. In der entgegengesetzten Himmelsrichtung erschließt die P&O Line den Seeverkehr bis nach Britisch-Indien. Der Schriftsteller und Journalist William Makepeace Thackeray kommt bei P&O in den Genuss einer der ersten Mittelmeer-Pressereisen, auch wenn sein Abenteuer von einer Kreuzfahrt im heutigen Sinn noch weit entfernt ist. Für seine Rundreise muss er mehrfach das Schiff wechseln – nämlich von einem fahrplan- und routengebundenen Liner zum nächsten.

Bequemer hat es da schon Mark Twain, dessen Reise Ende der 1860er-Jahre tatsächlich schon Züge einer modernen Kreuzfahrt trägt, auch wenn das Schiff extra für diese spezielle Reise gechartert ist. Immerhin: Der hölzerne Raddampfer folgt einer vorgegebenen Route zu verschiedenen touristischen Destinationen rund um das Mittelmeer, und der Schriftsteller genießt die Vorzüge der eigenen Kabine, in die er nach ausgedehnten und anstrengenden Landausflügen zurückkehren kann – ein winziges Stück Heimat mitten auf dem Wasser. Dennoch bleibt diese Reiseform vorerst eine kurzlebige Episode, und auch Anfang der 1890er-Jahre müssen sich schwerreiche Weltreisende wie der junge Harry Graf Kessler ihre einzelnen Teilstrecken rund um den Globus noch mühsam bei verschiedenen Reedereien zusammenstellen.

Aber etwa zur gleichen Zeit sind auch die Anfänge unserer heutigen Kreuzfahrtindustrie zu verorten: 1891 schickt der visionäre Hapag-Chef Albert Ballin den Liner AUGUSTA VICTORIA erstmals zu einer »Vergnügungsreise« in Richtung Mittelmeer, und die neue Art des Reisens findet rasch Anklang beim vermögenden Publikum. Jetzt stehen nicht mehr die reine Transportmöglichkeit und das pure Ankommen-Wollen im Vordergrund; vielmehr leistet man es sich nun, individuell und höchst komfortabel zu den wichtigsten Sehenswürdigkeiten befördert zu werden und so aufs Angenehmste seine Reiseeindrücke sammeln zu können. Ganz hoch im Kurs steht das Mittelmeer – seit jeher das bevorzugte Ziel jeder klassischen Grand Tour. Aber gerade für die deutschen Schiffspassagiere (die im Grunde jetzt keine »Passage« mehr von A nach B buchen, sondern eine touristische Rundreise absolvieren) entwickelt in den Sommermonaten auch die norwegische Fjordlandschaft hohe Anziehungskraft. Die jährlichen »Nordlandreisen« von Kaiser Wilhelm II. auf seiner Staatsyacht HOHENZOLLERN machen dieses

Reiseziel bei seinen Untertanen höchst populär – auch der Schriftsteller Gorch Fock kommt 1913 in den Genuss einer Freipassage auf einem eigens dafür gebauten Hapag-Dampfer.

Ein anderer Wind weht derweil noch auf dem Nordatlantik: Hier prägt bis zum Ersten Weltkrieg die Massenauswanderung von Europa nach Amerika das Geschäft. Die Bedingungen auf dem Zwischendeck sind anfangs menschenunwürdig; selbst noch um 1880, als Robert Louis Stevenson eine Passage auf einem britischen Auswandererschiff bucht. Und auch als die Unterkünfte im Zwischendeck größer, sauberer und komfortabler werden und die Massenschlafsäle deutlich bequemeren Viererkabinen weichen, bleiben die Lebensbedingungen an Bord zumindest für eine Berufsklasse hart: die Heizer im Kesselraum. Egon Erwin Kisch, der »rasende Reporter« mit den feinen Antennen für soziale Missstände, hat ihnen ein beeindruckendes literarisches Denkmal gesetzt. Erst mit der Ölfeuerung, die sich nach dem Ersten Weltkrieg allmählich durchsetzt, verbessern sich die Arbeitsbedingungen unter Deck spürbar.

Etwa zur gleichen Zeit kommt auch eine neue Form der Seereise auf – die Weltreise. Erneut ist die Cunard Line Vorreiter und schickt 1923 mit der LACONIA ein Schiff rein zum Vergnügen der zahlungskräftigen Reisenden einmal rund um den Globus. Das exklusive Vergnügen ist wahrlich First Class, denn eine Klassentrennung wie auf den Linienreisen gibt es hier – wie auch bei anderen Kreuzfahrten – nicht, was sicherlich ebenfalls zum Reiz dieser Reiseform beiträgt. Manch umfunktionierter Liner fährt so in den notorisch schwachen Wintermonaten zwar mit leeren Dritte-Klasse-Kabinen, aber dennoch profitabel zu attraktiven Zielen und spült damit dringend benötigtes Geld in die Kassen seiner Reederei. Selbst berühmte

Nordatlantikliner der 1930er-Jahre wie die französische NORMANDIE oder die deutsche COLUMBUS werden gelegentlich zu Fahrten in den sonnigen Süden beordert – etwa zum Karneval nach Rio, in die Karibik oder zu einer Tour rund um Afrika. Eine Weltreise auf einem einzigen Schiff bleibt dennoch weiterhin die Ausnahme. Selbst ein eleganter Weltenbummler wie Jean Cocteau muss Mitte der 1930er-Jahre auf seiner Reise rund um die Erde in 80 Tagen mehrfach Schiff und Reederei wechseln – wie schon mehr als ein halbes Jahrhundert zuvor sein literarisches Vorbild Phileas Fogg.

Der Zweite Weltkrieg bedeutet auch für die internationale Schifffahrt eine Zäsur. Es dauert Jahre, bis der Verkehr auf dem Nordatlantik wieder das Vorkriegsniveau erreicht hat. Erneut sind die Auswanderer aus Europa ein erheblicher Wirtschaftsfaktor – diesmal vor allem auf der Südostasienroute in Richtung Australien. Egon Erwin Kisch hat eine dieser schier endlosen Fahrten durch die Hitze der Tropen bereits Jahre zuvor literarisch verewigt. In den 1950er-Jahren erlebt die internationale Passagierschifffahrt auf dem Atlantik dann einen letzten Höhepunkt, bevor das Flugzeug endgültig zum Massenverkehrsmittel Nummer eins wird. Die Reise des »Jahrhundert-schriftstellers« Ernst Jünger im Jahr 1965 nach Japan mit einem kombi-nierten Fracht- und Passagierschiff ist im Grunde schon der Abgesang an eine ganze Ära. Denn gleichzeitig beginnt überall das große Liner-Sterben; Mitte der 1970er-Jahre ziehen sich fast alle Reedereien aus dem unrentabel gewordenen Liniendienst zurück. Nur die QUEEN ELIZABETH 2 pendelt noch einsam streng nach Fahrplan zwischen Alter und Neuer Welt – doch im Winterhalbjahr unternimmt auch sie exklusive Kreuzfahrten.

Wiederum dauert es Jahre, bis ein erneuter Seereiseboom einsetzt. Noch in den 1980er- und 1990er-Jahren gilt in Deutschland eine Kreuzfahrt als elitäre Urlaubsform für Reiche, als ein Nischenmarkt im internationalen Reisegeschäft. Dies ändert sich erst mit neuen Anbietern wie AIDA und TUI Cruises, die Seereisen auch für ein breites Publikum attraktiv machen. Die USA sind da schon weiter – hier gelten »Fun Cruises« von Florida in Richtung Karibik seit vielen Jahren als erschwingliches Vergnügen für jedermann. Mit ihrem schier unerschöpflichen Freizeitangebot sind es dort immer häufiger die Schiffe selbst und nicht so sehr die angelaufenen Häfen, die für viele den Reiz einer solchen Kurzreise ausmachen. Blickt man heute auf den internationalen Seereisemarkt, ist das Angebot äußerst vielfältig: Von der Expeditionskreuzfahrt in die Antarktis bis zur Golfreise auf dem Mittelmeer, vom kleinen Segelschiff bis zum 4.000 Passagiere fassenden Mega-Cruiser ist für jeden Geschmack und Geldbeutel etwas dabei. Und so mancher Kreuzfahrtpassagier wird vielleicht beim Anblick des abendlichen Sonnenuntergangs weit draußen auf See ganz ähnlich wie Heinrich Heine empfinden: »Ich liebe das Meer wie meine Seele.«

# Der seekranke Atlantikpionier

Der berühmte Autor ist enttäuscht und wütend: Nein, so hat er sich seine Reise in die Neue Welt nicht vorgestellt. Hatten die schönen, künstlerischen Lithografien im Büro des Schifffahrtsagenten nicht geräumige Luxuskabinen versprochen? Bequeme Aufenthaltsräume mit allem Komfort? Und nun dies: Gesellschaftsräume, die den Namen kaum verdienen. Der Speisesaal klein, mit langen Tischen und wenig Ellbogenfreiheit. Die Kabine ein winziges Kämmerlein mit Bullauge, Waschtisch und Doppelstockbetten – eben »eine schrecklich unpraktische, ganz und gar hoffnungslose und zutiefst lächerliche Schachtel«, wie der verwöhnte Erfolgsautor des »Oliver Twist« beleidigt moniert. Charles Dickens notiert später auch, er habe zunächst an einen Scherz des Kapitäns geglaubt, der ihm nach diesem Schock dann die eigentliche, höchst bequeme Kabine zeigen würde. Aber nichts da, es bleibt bei dem kleinen Gelass, an dem ein Schildchen die Passage von »Charles Dickens, Esquire, and Lady« im Januar 1842 von Liverpool über Halifax nach Boston ankündigt.

Ganz so dramatisch, wie Charles Dickens (1812–1870) später in den ersten Kapiteln seiner »American Notes«, seines Reiseberichts aus Amerika, die erste Begegnung mit dem Cunard-Postdampfer beschreibt, dürfte sie sich freilich nicht abgespielt haben. Eher schon liegt es an den Umständen der Überfahrt, dass Dickens so gehörig über die ganze Reise, die zugleich seine erste Seereise überhaupt ist, herzieht. Denn vor allem der Zeitpunkt der Fahrt ist schlecht gewählt: Im Winter zeigt sich der Nordatlantik nun einmal gern von seiner extrem ungemütlichen Seite – so auch im Januar 1842. Der Erfolgsautor auf dem Weg zu einer Lesereise durch die USA wird prompt seekrank – und schreibt sich seinen Frust später von der Seele.

Wer Dickens' Schilderung heute liest, kann sich eines Schmunzelns kaum erwehren. Teilweise tendenziös, mäkelig und missgelaunt, überzeichnet und durch und durch von gekränkter Eitelkeit geprägt erscheinen uns seine Zeilen heute. Doch trotz aller persönlichen Färbung gibt Dickens ein ungeschminktes Bild von den Strapazen der damaligen Reise – ein wertvolles Dokument für die Geschichte der Nordatlantik-Schifffahrt. Und was man bei aller Voreingenommenheit Dickens' nicht vergessen sollte: Auf anderen Schiffen ist es kaum besser. Eine Atlantiküberquerung Mitte des 19. Jahrhunderts ist keine Lustreise. Erst in den folgenden Jahrzehnten setzen sich allmählich Standards wie Dampfheizung, Gas- und später elektrisches Licht, fließendes Wasser und Wannenbäder durch – Dickens muss 1842 auf solche Annehmlichkeiten noch verzichten.

An den technischen Leistungen des Schiffs kann der Ärger Dickens' aber kaum gelegen haben. Denn die BRITANNIA ist die Quintessenz des technisch Machbaren ihrer Zeit: ein eleganter hölzerner Raddampfer von 63 Meter Länge und zehn Meter Breite mit langem Bugspriet, drei großen Masten, einem dünnen, rot-schwarzen Schornstein und Kabinen für maximal 115 Passagiere. Mit einer Reisegeschwindigkeit von neun Knoten gehört die 1840 in Dienst gestellte BRITANNIA seinerzeit zu den schnellsten Transportmitteln über den Atlantik. Gut 14 Tage dauert die planmäßige Überfahrt – Segelschiffe benötigen für die gleiche Strecke deutlich länger, bei widrigen Umständen sogar manchmal etliche Wochen. Der kanadisch-britische Unternehmer Samuel Cunard garantiert hingegen mit vier Schiffen (neben der BRITANNIA die fast baugleichen ARCADIA, CALEDONIA und COLUMBIA) einen fahrplanmäßigen Transatlantikdienst mit festen Abfahrtzeiten – Grundlage dafür, von der britischen Admiralität das lukrative Geschäft der Postbeförderung nach Kanada und den USA übertragen zu bekommen.

Zudem ist die Passage auf dem Cunard-Schiff – wie sich auch in der Folgezeit zeigen soll – ein höchst sicherer Weg über den Ozean. Während etliche Segler und so mancher spätere Konkurrenz-Dampfer in den Weiten des Nordatlantiks dramatisch untergehen oder spurlos verschollen bleiben, setzt der Reeder bei seiner wachsenden Postdampferflotte von Anfang an auf Sicherheit und Zuverlässigkeit. Der auch heute noch von der Reederei gern zitierte Satz »Cunard never lost a life« soll so in späteren Jahren zum beinahe unbezahlbaren Werbeslogan werden.

Eine Sicherheit, die allerdings mit einigen Komforteinbußen erkauft wird – und die Dickens auch prompt aufs Korn nimmt. Wie eine »Giraffe im Blumentopf« empfindet er die Enge im Schiff – nicht einmal für das standesgemäße Gepäck ist ausreichend Platz. Kein Wunder, immerhin beansprucht allein die Dampfmaschine, eine höchst solide Konstruktion des berühmten Robert Napier aus Glasgow, rund ein Drittel der Schiffslänge. Und zwar genau in der Schiffsmitte, die in stürmischer See normalerweise den vergleichsweise angenehmsten Aufenthaltsort bieten würde. Doch der Passagierbereich liegt hinter der Maschine im Heck. Zuoberst kommen die Pantry und der Salon, der zugleich als Speisesaal dient. Hier sitzen die Passagiere zusammen mit Kapitän und Schiffsarzt auf Bänken an zwei langen Tischen. Dann, eine Treppe tiefer, kommen die Kabinen und ein kleiner Aufenthaltsraum für die Damen.

Auch der Speisesaal findet nicht die Zustimmung Dickens': »Ehe wir in die Räume des Schiffes hinabstiegen, mussten wir von Deck her durch ein langgestrecktes, schmales Gelass, nicht unähnlich dem Inneren eines gigantischen Leichenwagens, aber mit Fenstern, an dessen oberem Ende ein trostloser Ofen stand, woran sich drei oder vier fröstelnde Stewards die Hände wärmten.« Dickens zieht es daher vor, seiner Frau im Damensalon Gesellschaft zu leisten. Auch am angeblich einfallslosen Essen mäkelt der Dichter herum – dabei sorgt sogar eine lebendige Kuh, die in einem Verschlag mitgeführt wird, für frische Milch, und mehrere Hühner liefern Nachschub an Eiern. Dickens aber hält sich dann doch lieber am reichlich vorhandenen Rotwein und Brandy schadlos ...

Das erste Dinner an Bord nehmen die insgesamt 86 Passagiere noch in gehobener Stimmung ein. Das Schiff liegt tief im Wasser, die See ist ruhig, der Appetit groß, und man hält sich bereits für »seefest«. Aber süffisant beobachtet Dickens, wie der eine oder andere Passagier bereits nach relativ kurzer Zeit an Deck verschwindet – angeblich um die frische Seeluft zu genießen – und dass die Sitzplätze an den Türen die begehrtesten sind. Beim abendlichen Tee ist die Gesellschaft dann bereits merklich ausgedünnt, und der anschließende Genuss von Zigarren und Brandy wird komplett an die frische Luft verlegt. Gegen 23 Uhr zieht sich schließlich alles zurück, denn spätestens um Mitternacht müssen im ganzen Schiff die Lichter gelöscht werden. Auch Dickens geht schließlich widerwillig unter Deck – nicht ohne später über das enge Bett und die für Schiffe typische anhaltende Geräuschkulisse sowie die Melange verschiedenster unangenehmer Gerüche zu klagen.

Nach zwei Tagen relativer Bordroutine ist am dritten Morgen plötzlich alles anders: Das Schiff arbeitet sich rollend und stampfend durch einen schweren Sturm, alle Gegenstände in der Kabine fliegen umher, die Passagiere können sich kaum auf den Beinen halten. »Raue See, Sir, und Gegenwind«, äußert der vorbeikommende Steward lakonisch, doch Dickens kommt es vor, als wenn 15.000 alttestamentarische Samsons gegen das Schiff anblasen, und er schildert eindrucksvoll die Ereignisse der nächsten Tage. Der Wind heult, die See kocht und der Regen prasselt gegen Deck und Aufbauten. Dazwischen das Klappern im ganzen Schiff, splitterndes Glas und Porzellan, Kommandorufe und Stiefelgepolter und nicht zuletzt das Gurgeln der Wassermassen, die auf das Deck donnern und dann durch die Speigatten wieder abfließen. Wie lang das Ganze dauert, will Dickens später nicht mehr so genau wissen, denn er liegt wie die meisten anderen Passagiere mehrere Tage mit Seekrankheit völlig lethargisch in seinem Bett.

Aber es soll noch schlimmer kommen: Eines Nachts trifft eine riesige Welle das Schiff, Wassermassen dringen durch die Oberlichter ein, drücken Türen auf und stürzen gurgelnd in den Damensalon – sehr zum Schrecken von Mrs. Dickens, die sich gerade dort aufhält. Die See zerschmettert auch ein Rettungsboot »wie eine Walnussschale« und reißt die Verkleidung von den Schaufelradkästen ab. Der Schornstein ist salzverkrustet, die Takelage unklar, die Sturmsegel flattern im Wind: Als Dickens sich am nächsten Morgen an Deck wagt, macht die BRITANNIA auf ihn einen höchst kläglichen

Eindruck. Was Dickens hingegen nicht erwähnt, ist die bravouröse Leistung von Offizieren und Mannschaft, die den schweren Sturm erfolgreich abgewettert haben. Nicht umsonst gelten Cunard-Kapitäne allgemein als die besten ihrer Zunft.

Nach 15 Tagen endlich nähert sich die BRITANNIA in der Nacht dem Hafen von Halifax – und scheitert beinahe noch kurz vor dem Ziel. Schuld ist nicht der Kapitän, sondern der mitgereiste Lotse, der die Orientierung verloren hat: Bei hellem Mondschein läuft das Schiff auf eine Sandbank auf und kommt erst wieder frei, nachdem Wasserfässer und schwere Ladung ins Heck geschafft werden und der Bug entlastet wird. Da man aber nicht recht weiß, wo man sich befindet, und weitere Untiefen und Felsen drohen, wirft man Anker. Ein Boot wird zur Erkundung an Land ausgesandt, und erst nach bangen Stunden haben Besatzung und Passagiere Gewissheit, dass dem Schiff keine Gefahr droht.

Am nächsten Morgen – ein größerer Kontrast ist wohl kaum denkbar – läuft die BRITANNIA bei herrlichem Sonnenschein in Halifax ein. Stolz weht die Flagge am Mast, die Offiziere stehen in Uniform an Deck, die Leute an Land kommen aus ihren Häusern, um das Einlaufen zu beobachten. Nach unbequemen zwei Wochen hat Dickens endlich wieder Land unter den Füßen – und fühlt sich wie im Elysium. Freilich nur für einen kurzen Augenblick, denn bereits nach sieben Stunden läuft das Schiff erneut aus – und der Schriftsteller erlebt noch einmal zwei unruhige Tage. Endlich, am 18. Tag der Reise, macht die BRITANNIA in Boston fest.

Von Dampfschiffen hat Dickens nach dieser Reise vorerst genug. Die Rückreise im Juni desselben Jahres tritt er auf einem Segelschiff an und spart nicht mit positiven Beschreibungen der überaus angenehmen Passage zur besten Jahreszeit. In seinem Buch lobt er später Kabine, Verpflegung, Gesellschaft der Mitreisenden und Freizeitgestaltung – in bewusstem literarischen Kontrast zur Hinreise. Und dennoch: Auch Dickens' Kritik kann nicht verhindern, dass die Dampfschiffe sich in den folgenden Jahren zum führenden Transportmittel auf dem Nordatlantik entwickeln – und später gewiss auch den nörgeligen Dichter überzeugt hätten. Und Cunard steigt zur führenden Reederei im Transatlantikgeschäft auf; ihr Service und ihre Küche sollen später Maßstäbe setzen.

Die BRITANNIA indes absolviert höchst zuverlässig noch etliche Passagen, ehe sie, der moderneren Konkurrenz mittlerweile nicht mehr gewachsen, 1849 nach Deutschland verkauft wird. Als Korvette BARBAROSSA dient sie zunächst in der kurzlebigen deutschen Bundesflotte und anschließend in der preußischen Marine, ehe der betagte Nordatlantikpionier, längst seiner Dampfmaschine beraubt, im Jahr 1880 unrühmlich als Zielschiff versenkt wird.

# Auf dem Basar der Eitelkeiten

Es war eine der frühesten Pressereisen zur See – und wurde ein Erfolg. Kollegen sparten zwar nicht mit höhnischen Kommentaren über den angeblich »gekauften« Journalisten – doch für den wurde die Reise zum entscheidenden Schritt in seiner Karriere. Nur wenige Jahre später war der abgebrochene Jurastudent eine nationale Berühmtheit und hielt dank seiner Beobachtungsgabe und treffenden Beschreibungen mit seinen Büchern und Artikeln der gesamten viktorianischen Welt den Spiegel vor: William Makepeace Thackeray (1811–1863), Autor des Bestsellers »Jahrmarkt der Eitelkeiten« (»Vanity Fair«) und des Snob-Buches.

Als sich Thackeray im August 1844 in die Docks von Southampton begibt, wo der brandneue Schaufelraddampfer LADY MARY WOOD von P&O ihn zu seiner Reise aufnehmen soll, ist von der Berühmtheit freilich noch wenig zu ahnen. Im Gegenteil: Mehr schlecht als recht fristet er sein Dasein

als Korrespondent mehrerer britischer Zeitungen, das Geld ist chronisch knapp, und seine Frau ist aufgrund psychischer Probleme in eine Heilanstalt gekommen.

Umso erfreuter ist Thackeray, als ein Freund ihm den Vorschlag macht, ihn kurz entschlossen auf einer Orientreise zu begleiten. Denn das östliche Mittelmeer zieht die Briten dieser Epoche magisch in seinen Bann: Allen voran Lord Byron, der seine Schwärmerei, gesundheitlich angeschlagen, sogar mit einem allzu frühen Tod bezahlt. Auch der gerade 33 Jahre alte Thackeray ist Feuer und Flamme für die Idee einer Fahrt in diese Region. Erst recht, als ihm der Freund andeutet, dass die Reederei für die Fahrt-kosten aufkommen würde, sofern er regelmäßige Reiseberichte an die britische Presse sendet.

Um es vorweg zu nehmen: Thackerays Reisebericht »From Cornhill to Grand Cairo« (Cornhill ist ein Teil von London, wo sich seinerzeit das Büro von P&O befand) wird ein Erfolg – und dank der Orientbegeisterung viel gelesen. Auch die Schifffahrtslinie nimmt in den folgenden Jahren einen gewaltigen Aufschwung. Dabei ist die Reederei im Jahr 1844 noch ein junges Unternehmen: Peninsular & Oriental (kurz P&O) ist erst rund zehn Jahre zuvor gegründet worden und firmiert zunächst als Peninsular Steam Navigation Company, denn sie konzentriert sich anfangs nur auf den Verkehr zu den Häfen der Iberischen Halbinsel. Es dauert noch bis 1840, bis die Linie auch den lukrativen Postvertrag nach Alexandria erhält und ihrem Namen den »Orient« anfügen kann. Allmählich wird die Route weiter, kommt die Verbindung zwischen Suez und Kalkutta hinzu, 1852 schließlich auch die Strecke bis Bombay. Statt mehrerer Monate dauert die Fahrt nach Indien nun nur noch wenige Wochen, dank der immer besser ausgebauten Landverbindung durch Ägypten auf der Strecke des späteren Suezkanals, die P&O-Passagiere nutzen können.

Auch »Kreuzfahrten« bietet P&O schließlich an – selbst wenn diese nicht so heißen und mit der heutigen Form noch wenig gemein haben. Denn die Passagiere reisen in den regulären Postdampfern, also per Linie, von Ort zu Ort, können während des fahrplanmäßigen Aufenthalts an den jeweiligen Häfen zum Sightseeing an Land und müssen, wenn es der Fahrplan nicht anders gestattet, zur Weiterfahrt auch schon mal auf ein anderes Schiff umsteigen.

Dennoch ist die Aussicht, in kurzer Zeit eine Tour d'horizon durchs Mittelmeer zu unternehmen, höchst verlockend. In der Vorrede zu seinem Buch beschreibt Thackeray dramatisierend, wie beim Abschiedsdinner für den Freund bei etlichen Gläsern Rotwein die spontane Idee geboren wurde, Thackeray könne ihn begleiten – auch wenn zur Reisevorbereitung gerade einmal 36 Stunden bleiben. Angesichts der Möglichkeit, innerhalb von drei Monaten die spanischen und portugiesischen Häfen, Malta, Athen, Smyrna (Izmir), Konstantinopel, Jerusalem und schließlich Kairo kennenzulernen, zögert Thackeray aber nicht lange. Sozusagen »last minute« entscheidet er sich für die Kreuzfahrt.

Immerhin: Reiseerfahrung bringt Thackeray bereits mit. In Kalkutta (damals Britisch-Indien) geboren, wird er als Jugendlicher nach dem Tod seines Vaters zu Verwandten nach England geschickt und macht auf der mehrmonatigen Seereise rund ums Kap der Guten Hoffnung auch Station auf St. Helena, wo ihm aus der Ferne sogar der internierte Napoleon gezeigt wird ...

Diesmal also stürzt sich Thackeray Hals über Kopf ins Abenteuer – und wird in der Biskaya prompt seekrank. Das erste Kapitel seines Reiseberichts, in dem er selbst als »Mr. Titmarsh« auftritt, beginnt dann auch erst kurz vor der Ankunft im spanischen Vigo. Mit köstlichem Humor beschreibt Thackeray, wie der königlich britische Offizier mit der Post an Land gebracht wird – würdevoll in Paradeuniform in einem fahnengeschmückten Ruderboot (die P&O-Dampfer waren zugleich Postschiffe der Regierung). Für die Passagiere ist der Landgang nicht ganz so komfortabel: Aufgrund der Tide müssen sie das letzte Stück von Einheimischen durch die Brandung an Land getragen werden.

Lissabon beeindruckt den Chronisten hingegen wenig, er klagt über schlechtes und überteuertes Essen. Erhebende Empfindungen vermag lediglich das im Hafen liegende britische Kriegsschiff HMS Caledonia zu wecken. Und beim Passieren von Kap Trafalgar, Schauplatz von Nelsons berühmtem Sieg über die französisch-spanische Flotte, schwelgt Thackeray ganz in nationalen Gefühlen, wie wohl auch die übrigen britischen Passagiere an Bord.

Das Publikum ist recht gemischt: Der Autor erwähnt unter anderem fünf britische Weinhändler, die nach Porto wollen, einen irischen Major mit Holzbein, der in Belem aussteigt, sowie den Erzbischof von Beirut, der mit Gefolge und französischem Koch an Bord kommt und bis Lissabon mitfährt. Seine Kabine bekommt danach ein anderer, neu zugestiegener Bischof, der von Thackeray daraufhin respektlos nur als »Bishop No. 2« tituliert wird.

In Gibraltar müssen Thackeray und seine Gefährten das Schiff wechseln, um weiter nach Malta und Konstantinopel zu gelangen. Denn die

LADY MARY WOOD, die für den Dienst zwischen Kalkutta und Suez vorgesehen ist, fährt auf ihrer Jungfernfahrt über das Kap der Guten Hoffnung weiter in Richtung Indien. Die Mittelmeer-Reisenden steigen daher auf die TAGUS um, einen 1837 gebauten Schaufelraddampfer von 800 Tonnen, der bei seiner Indienststellung von der Reederei als das bisher größte und stärkste Dampfschiff beworben wurde. Später wird Thackeray auch noch auf der IBERIA fahren, auch wenn er bei der Beschreibung der Schönheiten des Orients mit der Zeit immer weniger Augenmerk auf seine maritimen Reisemittel legt. Die Hoffnung freilich, im Mittelmeer von ähnlich hohem Seegang wie auf dem Atlantik verschont zu bleiben, erfüllt sich nicht: Die Reisenden werden erneut seekrank.

Kein Wunder, dass Malta enthusiastisch begrüßt wird. Thackeray absolviert in der Hauptstadt Valletta das klassische Besuchsprogramm: Großmeisterpalast, St. John's Co-Cathedral und eine Ausfahrt ins Hinterland. Auch auf der Rückreise wird Thackeray noch einmal hier Station machen, dann allerdings unter weniger komfortablen Umständen und für ganze 17 Tage. Denn alle Rückkehrer aus dem östlichen Mittelmeer wurden im Fort Manoel obligatorisch in Quarantäne genommen. Nicht ohne Grund: Einer der Mitreisenden Thackerays stirbt tatsächlich dort im Lazarett, nachdem man bereits in Ägypten einen Todesfall zu beklagen hatte.

Nächste Station auf der Orientreise ist Griechenland, das erst wenige Jahre zuvor seine Unabhängigkeit vom Osmanischen Reich erkämpft hat. Der Hort der klassischen Antike vermag Thackeray freilich nicht annähernd so in Hochstimmung zu versetzen wie viele seine Landsleute, auch wenn ihn die Ruinen der Akropolis beeindrucken. Aber übeteuerte Wirtshäuser voller Wanzen, streitende Kutscher in Piräus und ein chaotisch wirkendes Athen vermögen in dem Autor ebenso wenig die Fantasie für die griechische Antike zu wecken wie seine Lehrer in der Schule. Vielmehr bringt Thackeray satirisch sein Mitgefühl mit dem aus dem Hause Wittelsbach stammenden Griechenkönig Otto I. zum Ausdruck, der dieses rückständige und (schon damals!) bankrotte Land regieren muss und vermutlich viel lieber daheim wäre in »Deutschland, Fatherland, Beerland«. In der Tat wird Otto 1862 bei einem Aufstand abgesetzt und kehrt anschließend in seine bayerische Heimat zurück.

In Smyrna fühlt sich Thackeray dann ganz im Orient angekommen: Zypressen, Minarette, Kuppeln, Festungen und Boote mit »echten Türken«, die an Bord kommen. Bemerkenswert findet Thackeray die omnipräsenten Kamele, eher befremdlich die Sitten auf dem örtlichen Basar, ganz und gar unfreundlich hingegen den Ramadan, der ihn um den mittäglichen Besuch des Kaffeehauses bringt. In Konstantinopel dasselbe Bild: Hagia Sophia und die berühmten tanzenden Derwische bekommt Thackeray nicht zu Gesicht. Dafür aber riskiert er – reichlichem Bakschisch sei Dank – einen Blick in den Serail.

Gefährlicher als dieser verbotene Blick ist schließlich die Weiterreise über Rhodos nach Beirut, als das Schiff in einen Sturm gerät. Eine Erfahrung, die er in einem langen Gedicht verarbeitet – dem kompletten 9. Kapitel seines Buches. Von Beirut aus geht es dann auf dem See- und zuletzt auf dem Landweg über Jaffa nach Jerusalem und Bethlehem.

Thackeray bekommt in den folgenden Tagen das volle Programm einer Reise ins Heilige Land geboten. Er lernt die multikulturelle Atmosphäre

Jerusalems kennen, trifft polnische Rabbis ebenso wie den anglikanischen Bischof und merkt an, dass ein Prediger namens Dr. Alexander regelmäßig Gottesdienste auf Deutsch anbietet. Er blickt über die Hügel der Stadt, auf den Felsendom, auf das damals arg heruntergekommene jüdische Viertel. Er besucht den Ölberg und ist ergriffen von Golgatha, wo Christus gekreuzigt wurde. Aber mehr noch als die Ergriffenheit wirkt zumeist das Abgestoßensein von den Auswüchsen des frühen Tourismus: Scharfzüngig geißelt Thackeray, wie »die verschiedenen Kirchen um den Besitz der verschiedenen Reliquien kämpfen«, und gänzlich abgestoßen ist er von den Andenken- und Devotionalienhändlern, die ihn an der Grabeskirche umlagern.

Ähnlich unromantisch sind auch die Erlebnisse in Alexandria, der nächsten Station: Ein Haufen Einheimischer erwartet die Reisenden schon am Kai, um ihnen ihre Dienste anzubieten. Thackeray macht hier die erste und beileibe nicht einzige Begegnung mit einem Fortbewegungsmittel der besonderen Art: Esel. Wider Erwarten bricht das klapprige Tier aber nicht unter Thackerays Körperfülle zusammen, sondern trägt ihn mit erstaunlicher Geschwindigkeit in die Innenstadt, wo der britische Reisende den Basar besichtigt.

Mit einem Boot von P&O, das von einem Dampfer gezogen wird, geht es über einen Kanal weiter in Richtung Nil und dann flussaufwärts nach Kairo. Die anstrengende und in Teilen langweilige 30-Stunden-Fahrt wird immerhin zuletzt durch den Anblick der Pyramiden entschädigt, die aus der Ferne einen majestätischen Eindruck machen. Zunächst jedoch nimmt Thackeray im »Hotel d'Orient« Quartier, einem französisch angehauchten Nobelhotel für die zahlreichen Reisenden zwischen Europa und Indien. So findet sich der Schriftsteller Punkt 18 Uhr zum abendlichen Bankett ein – mit 60 anderen Gästen, zumeist Offizieren der indischen Garnison. Das Essen hat französische Finesse, nur das Fleisch scheint dem argwöhnischen Thackeray ausnahmslos von einem der zahllosen Esel des Landes zu stammen. Die biblischen »Fleischtöpfe Ägyptens« hat sich der Dichter irgendwie anders vorgestellt ...

Auf dem Eselrücken nähert sich Thackeray anderentags auch endlich den Pyramiden. Der majestätische Eindruck schwindet jedoch beim Näherkommen, als etliche Händler die Touristenkarawane umlagern. Jeder der Reisenden will nun endlich die Weltwunder erklimmen, was Thackeray wie bei »einem großen, kaputten Treppenhaus« vorkommt: »Es ist nicht schwer, nur ein wenig hoch.« Dem Ausblick von oben kann Thackeray dann allerdings wenig abgewinnen: Die eintönige Landschaft ist dieselbe wie unten – man sieht jetzt nur noch ein wenig mehr von ihr. Immerhin: Der Schriftsteller entschuldigt sich gewissermaßen beim Leser, die Szenerie nicht mehr gelobt zu haben – dies zu tun bedürfe der Worte eines wahren Meisters. Dafür aber lobt er die Schiffsreise, die ihn in diese Gefilde getragen hat, umso mehr: »Du vergisst alle Beschwerlichkeit des Reisens, aber die Zufriedenheit bleibt Dir erhalten – hoffentlich ein Leben lang.« Besonders gern erinnert er sich dabei an die lauen Nächte an Bord: »Die glücklichste und beste aller Erinnerungen sind vielleicht die des Nachts an Deck verbrachten Stunden, mit den Sternen hoch über einem (...).«

Thackeray kehrt – nach dem lästigen Quarantäne-Zwangsstopp in Malta und einem angenehmen freiwilligen Aufenthalt in Italien – schließlich nach Großbritannien zurück. Und sein ebenso interessanter wie humorvoller Reisebericht wird viel gelesen. Zwar kritisiert der große Carlyle den Bericht als das Werk »eines blinden Fiedlers, der über das Deck einer Fähre läuft und den Passagieren für einen Halfpence vorspielt«, aber dennoch kommt das Buch gerade beim Publikum gut an. Mehr noch: Es sichert Thackeray letztlich den Ruhm als Reiseschriftsteller, als scharfer Beobachter seiner Mitmenschen und als glänzender Stilist. Eine literarische Begabung, die dann in seinen weiteren Büchern noch stärker durchscheint. Vor allem in seinem Hauptwerk »Vanity Fair«, aber auch in seinen humorvoll-satirischen Personenbeschreibungen im »Book of Snobs«.

Die englische Literatur des 19. Jahrhunderts verdankt Thackeray viel – und alle Schifffahrtsinteressierten einen kulturgeschichtlichen Einblick in die Anfänge der Mittelmeer-Kreuzfahrten. Spannend und unterhaltsam, selbst ohne Snobs und Eitelkeiten.

# Pilgerreise ins Heilige Land

Er ließ sich von einem Fremdenführer Paris zeigen – und verfluchte den ganzen Berufsstand. Er bestieg den Schiefen Turm von Pisa – und glaubte fest, dieser müsse nun jeden Moment umstürzen. Er schlich sich in Piräus aus Sehnsucht nach der Akropolis trotz strenger Quarantäne-Vorschriften an Land – und hätte seine Reise beinahe vorzeitig in einem griechischen Gefängnis beendet. Doch Neugierde und Chronistenpflicht trieben ihn zu immer neuen Abenteuern, über die er in mehreren amerikanischen Tageszeitungen und später auch in Buchform (»Die Arglosen im Ausland«) berichtete: Mark Twain (1835–1910).

Auf den ersten Blick sieht das Programm aus wie eine klassische Mittelmeertour per Schiff, wie sie auch heute noch zum Standardangebot vieler Kreuzfahrtunternehmen zählt, verbunden mit einer Transatlantikpassage. Aber zwei Dinge machen die Fahrt so besonders: das Reisejahr und ihr prominenter Teilnehmer. Denn Kreuzfahrten gehören 1867 noch längst nicht zum Standardrepertoire der Reedereien, erst recht nicht in den USA zwei Jahre nach Ende des blutigen Bürgerkriegs. Zwar kann man im Mittelmeer bereits bequem per Linie von einem Ort zum nächsten fahren, wie dies gut zwei Jahrzehnte zuvor der englische Dichter Thackeray getan hatte, aber organisierte Schiffsreisen zu den touristischen Höhepunkten der Alten Welt gibt es nicht. Insofern können sich die amerikanischen Reisenden durchaus als Pioniere fühlen: Sie reisen im gecharterten Dampfer, mit Vollverpflegung und der Möglichkeit zu individuellen Ausflügen. Manch einer der frommen Mitreisenden konzentriert sich ganz auf die biblischen Stätten, sodass der Chronist auch gern von einer »Pilgerreise« spricht – doch etliche andere wollen vor allem die Vielfalt der angebotenen Ziele genießen.

Zur letzten Gruppe zählt auch der schon damals recht bekannte, wenn auch noch nicht weltberühmte Journalist und Autor Mark Twain (eigentlich Samuel Langhorne Clemens), als er sich um die Teilnahme an der Fahrt bewirbt. Minutiös, auf etlichen Hundert Seiten, berichtet Twain von seinen Erlebnissen. Mitunter sachlich, meist jedoch mit der ihm eigenen Prise Ironie begibt er sich auf eine Art klassischer Kavalierstour durch das Europa und den Vorderen Orient – mit allen Brüchen, die sich schon in der zweiten Hälfte des 19. Jahrhunderts daraus ergeben. Italien hat gerade die Einigungskriege hinter sich – und betrachtet die amerikanischen Touristen als potenzielle Spione und Unruhestifter. Im straff organisierten Frankreich Kaiser Napoleons III. weiß man hingegen ganz genau, wie man die Touristen aus Übersee umgeht – indem man sie möglichst gründlich ausnimmt. Die Eisenbahn hat weite Regionen für den Fremdenverkehr erschlossen, man reist bequem im Erste-Klasse-Waggon, doch die Romantik früherer Tage ist dahin. Und die Tourismus-Industrie ist längst ein boomendes Geschäft, mit allen Auswüchsen, wie wir sie auch heute noch kennen. Nur dass es scheinbar in keinem europäischen Hotel ein Stück Seife zu geben scheint, macht die Amerikaner in Paris sprachlos …

Doch der Reihe nach: Im Frühjahr 1867 wird die Fahrt in den ganzen USA beworben – als »Gesellschaftsreise nach dem Heiligen Land, Ägypten, der Krim, Griechenland und weiteren auf dem Wege liegenden interessanten Zielen« – gewissermaßen »ein Picknick riesenhaften Ausmaßes«, wie Twain befindet. 1.250 Dollar, für damalige Verhältnisse eine stattliche Summe, kostet die fünfeinhalb Monate während Fahrt im gecharterten Raddampfer QUAKER CITY, zehn Prozent müssen sofort angezahlt werden. Twain schreibt sich als »Special Travelling Correspondent« ein, muss vor einem Komitee vorsprechen und wird als Teilnehmer akzeptiert – der Dampfer hat Kabinen für 150 Passagiere, die aber aus Komfortgründen nur zu maximal drei Vierteln vergeben werden. 65 zahlungskräftige Reisende kommen schließlich zusammen, dazu noch einmal rund 40 Mann Besatzung.

Anfang Juni liegt die QUAKER CITY abfahrbereit im Hafen von New York – ein 13 Jahre alter hölzerner Raddampfer von gut 1.400 Tonnen, mit zwei Schornsteinen, zwei Masten und einem eleganten Bugspriet. Das Schiff hat schon viel erlebt, unter anderem vier anstrengende Kriegsjahre im Dienste der Nordstaaten und schwere Beschädigungen nach einem Gefecht mit Panzerschiffen der Konföderierten. Nun soll es wieder seiner ursprünglichen Aufgabe als Passagierdampfer gerecht werden. Twain wählt eine Luxuskabine an Steuerbord vor dem Schaufelrad. Was man heute als Zumutung empfinden würde, beschreibt der Autor leicht ironisch, aber doch mit Wohlwollen: »Sie enthielt zwei Schlafkojen, ein trübes Deckenlicht, einen Ausguss mit einer Waschschüssel und eine lange, üppig gepolsterte Truhe, die teils als Sofa und teils als Versteck für unsere Sachen dienen sollte. Trotz aller dieser Einrichtungsgegenstände war noch genügend Raum darin, um sich umzudrehen (...).«

Die Reise beginnt mitten in einen Sturm hinein. »Man konnte nicht promenieren, ohne seinen Hals zu riskieren; einmal zielte der Bugspriet tödlich genau auf die hoch am Himmel stehende Sonne, im nächsten Augenblick versuchte er, auf dem Grunde des Ozeans einen Haifisch zu harpunieren«, schreibt Twain, der im Gegensatz zu vielen Mitpassagieren das Glück hat, nicht seekrank zu werden. Immerhin: Twain hat bereits nautische Berufserfahrung, wenn auch nur auf Binnengewässern. Als junger Mann war er längere Zeit als Lotse auf einem Mississippi-Dampfer gefahren – und hat diese Erlebnisse später ebenfalls literarisch verarbeitet. Selbst sein Künstlername ist eine Hommage an die Schifffahrt – »Mark Twain« bedeutet in der Lotsensprache nichts anderes als »zwei Faden« (Wassertiefe).

Als der Sturm nachlässt, setzt die Routine des geselligen Bordlebens ein: Man betrachtet im Fernglas vorbeifahrende Schiffe, spielt Domino im Rauchsalon oder Shuffleboard (hier als »Pferdebillard« bezeichnet) an Deck, schreibt Reisetagebuch und bereitet sich bei Bildervorträgen mit der Laterna magica (einer Art frühem Diaprojektor) auf die kommenden Reiseziele vor. Jeden Abend gibt es eine Andacht mit Harmonium-Musik in der Kajüte. Und die weniger Frommen freuen sich auf die Tanzabende auf dem Achterdeck. An anderer Stelle beklagt sich Twain freilich bitter über seine bigotten und faden Mitpassagiere, die der 32-jährige Journalist übrigens lakonisch nur mit den Worten »viele graue Haare« beschreibt.

In Europa angekommen, zerstreut sich die Reisegesellschaft zunächst einmal: Einige machen eine Rundreise durch England, um später in Livorno erneut das Schiff zu besteigen. Wieder andere – darunter Twain und einige Gleichgesinnte – ziehen es vor, per Bahn durch Frankreich (hier besuchen sie die Pariser Weltausstellung) und anschließend durch Italien zu reisen.

Mailand, Florenz, Rom, Pisa, Pompeji – die Reisegruppe absolviert per Eisenbahn und Kutsche das klassische Italien-Programm. Es ist eine Fülle an Eindrücken, doch Twain hat irgendwann genug. Die Rückkehr auf das Schiff kommt ihm wie der Einzug ins Paradies vor – ein Gefühl, wie es mancher Pauschalurlauber nach anstrengendem Landausflug sicherlich auch heute noch ähnlich empfindet: »Wir fühlten uns, als wären wir seit einem Menschenalter von zu Hause weg gewesen. Wir hatten vorher nie richtig zu schätzen gewusst, welch überaus angenehme Höhle unsere Luxuskabine ist; auch nicht, wie erfreulich es ist, zum Essen im eigenen Stuhl in der eigenen Kajüte zu sitzen und mit Freunden eine vertrauliche Unterhaltung in der eigenen Sprache zu führen. (…) Für den Augenblick haben wir italienische Städte satt und ziehen es lieber vor, das vertraute Achterdeck abzuschreiten und die Stadt aus der Ferne zu betrachten.«

Und später, als man zur Reise gen Griechenland und Jerusalem aufbricht, schreibt er ähnlich enthusiastisch: »Wieder daheim! Zum ersten Male seit vielen Wochen traf und begrüßte sich wieder die ganze Schiffsfamilie auf dem Achterdeck. (…) Die Plätze beim Essen waren wieder vollzählig besetzt, die Dominorunden waren komplett, und bei dem schönen Mondschein herrschte abends auf dem Oberdeck ein Leben und Treiben wie in alten Zeiten.« Twain fährt fort: »Es mangelte an Bord der QUAKER CITY nicht an Fröhlichkeit«, um dann mit einem Seitenhieb auf die frommen Namensgeber des Schiffes und dessen Passagiere zu bemerken: »Dieses eine Mal trug sie ihren Namen zu Unrecht.«

Vor Piräus ist es freilich mit der Fröhlichkeit schnell vorbei: Strenge Quarantäne-Auflagen verhindern den Landgang. Twain sieht sich um seinen Athen-Besuch gebracht und rudert daher in der Nacht heimlich mit drei

Gefährten an Land – immer in Furcht vor der Polizei, die solche Manöver mit langen Gefängnisstrafen ahndet. Doch das waghalsige Unternehmen gelingt: Im Mondschein genießen sie den Blick auf die Akropolis, um vor Morgengrauen rechtzeitig wieder zum Hafen zurückzumarschieren. Andere Passagiere sind weniger kühn und bedauern dies insgeheim. Doch im Grunde sind die Passagiere bereits zu diesem Zeitpunkt reizüberflutet: Als der Dampfer im frühen Morgengrauen das Goldene Horn erreicht, fühlt sich niemand bemüßigt, dafür extra aufzustehen.

Nach Konstantinopel ist das Schwarze Meer an der Reihe. Man wandert durch die im Krimkrieg zerstörte Festungsstadt Sewastopol, flaniert über Odessas Boulevards und genießt das Klima von Jalta, wo die Gruppe sogar dem Zaren vorgestellt wird. Weiter geht es in einer wahren Tour de force über Ephesus, Baalbek und Damaskus zu den biblischen Stätten: Nazareth, See Genezareth, schließlich Jerusalem. Twain reist weiter an den Jordan, schwimmt im Toten Meer, flucht über die störrischen Esel, auf denen er in sengender Sonne reiten muss, und gibt mit breitkrempigem Hut, Schirm und grüner Sonnenbrille ein nach eigener Ansicht ziemlich lächerliches Bild ab. Trotz aller Eindrücke ist er wiederum heilfroh, nach all den Strapazen zurück an Bord zu sein: »Wenn ich wieder reise, möchte ich mit einem Vergnügungsdampfer fahren. Keine Geldsumme hätte uns auf einem fremden Schiff und zwischen unbekannten Gesichtern die völlige Zufriedenheit und das Gefühl, wieder zu Hause zu sein, erkaufen können, das wir erlebten, als wir nach dieser ermüdenden Wallfahrt an Bord der QUAKER CITY gingen – unseres eigenen Schiffes.« Die »Pilger« ziehen weiter nach Ägypten, besichtigen die Bauten der Pharaonen und verteilen fleißig Bakschisch an die dienstbaren Fellachen, die die Touristen in Windeseile auf die Pyramidengipfel wuchten.

Nach diesen Abenteuern genießt die ermattete Reisegruppe die mehr-wöchige Rückfahrt, um die Eindrücke zu verarbeiten und sich zu regene-rieren. Auf weitere Landausflüge ist kaum noch jemand scharf – nur Twain nutzt den erzwungenen Aufenthalt zum Kohlebunkern in Cadiz, um sich trotz Quarantäne ein paar schöne Tage in Andalusien zu machen. Über die Bermudainseln geht es schließlich in Richtung New York, wo die QUAKER CITY nach fast einem halben Jahr wieder auf Höhe des Broadway festmacht.

Schon am Abend der Ankunft schreibt der geschäftstüchtige Twain für eine New Yorker Zeitung sein Resümee dieser Fahrt. Zwei Jahre später folgt sein Reisebericht in Buchform – und wird zum Bestseller: Rasch sind 30.000 Exemplare verkauft, bis zur Jahrhundertwende sollen es mehr als eine Million werden. Twain unternimmt noch zahlreiche Reisen bis nach Australien und Neuseeland, lebt sogar mehrere Jahre in Europa und verfasst weitere Reiseberichte. Und prophetisch sieht er den Nutzen des Kreuzfahrt-booms bereits voraus, von dem er sich eine Erweiterung des Horizonts für breite Bevölkerungskreise erhofft: »Es wäre gut, wenn ein solcher Ausflug alljährlich ins Leben gerufen und das System regulär eingeführt würde.«

Die QUAKER CITY fährt nach dieser Reise übrigens nur noch zwei Jahre lang im Passagierdienst, zuletzt als COLUMBIA. 1869 wird sie nach Haiti verkauft, wo sie erneut als Kriegsschiff Dienst tun muss. Doch nach nur zwei Jahren wechselt sie erneut den Besitzer; im Februar 1871 sinkt das altersschwache Schiff schließlich vor den Bermudainseln.

# Im Zwischendeck
# in die Neue Welt

Er gehörte zu den beliebtesten Autoren seiner Epoche – und ist auch heute noch höchst populär. Er schrieb Werke wie die Schauernovelle »Dr. Jekyll und Mr. Hyde« und historische Romane wie den »Master von Ballantrae«. Vor allem aber sein Bestseller »Die Schatzinsel« begeistert junge und alte Leser bis heute, hat Generationen von Jugendlichen von verborgenen Goldschätzen und karibischen Piratenabenteuern träumen lassen. Der Autor kannte das Meer gut: Robert Louis Stevenson (1850–1894), Sohn eines schottischen Leuchtturmarchitekten, war selbst viel auf See unterwegs gewesen, bevor er am Ende seines nur 44 Jahre währenden Lebens sein Paradies in der Südsee fand.

Ein Seereise-Abenteuer ganz anderer Art hat Stevenson literarisch verarbeitet, und zwar in dem Reisebericht »Emigrant aus Leidenschaft« (»The Amateur Emigrant«) über seine Reise auf einem Auswandererschiff vom

schottischen Glasgow nach New York. Stevenson ist zu diesem Zeitpunkt 29 Jahre alt, hat nur wenig Geld in der Tasche und außer ersten literarischen Veröffentlichungen nicht viel vorzuweisen. In die Fußstapfen seines Vaters will der junge Mann aus Edinburgh nicht treten, lustlos hat er stattdessen ein Jurastudium absolviert, doch vielmehr zieht es ihn zur Schriftstellerei. Er reist durch halb Europa, veröffentlicht seine Erlebnisse, lernt durch seinen Cousin die Künstlerkolonie in Barbizon kennen und trifft schließlich in Künstlerkreisen die zehn Jahre ältere amerikanische Hobbymalerin Fanny Osbourne. Die äußerst patente und resolute Frau hat sich da gerade von ihrem notorisch untreuen Ehemann getrennt und ist mit ihren drei Kindern nach Frankreich gereist, wo sie Malunterricht nimmt. Die beiden werden ein Paar, und die Verbindung reißt auch nicht ab, als Fanny vorübergehend in die USA zurückkehrt, während Stevenson ins heimische Schottland reist.

Eine Nachricht aus San Francisco ändert Mitte 1879 blitzartig die Situation: Fanny ist schwer erkrankt, und der besorgte junge Mann besteigt umgehend ein Schiff, um rund um den halben Erdball zu seiner Geliebten zu reisen – nicht aus wirtschaftlichen Gründen wie so viele andere, sondern eben als »Emigrant aus Leidenschaft«. Von Edinburgh aus fährt er zunächst nach Glasgow, wo er ein Tenderboot der Reederei besteigt, das die Passagiere – bereits hier streng nach Klassen getrennt – in einer mehrstündigen Fahrt gut 20 Meilen flussabwärts an die Mündung des Clyde bringt. Dort, in der Hafenstadt Greenock, wartet schon das Auswanderschiff Devonia der Anchor Line, das Stevenson und Hunderte andere in die Neue Welt befördern soll.

Die Anchor Line existiert in einer Vorläufergesellschaft bereits seit 1838 und ist zu Stevensons Zeit eine der führenden Reedereien im Auswanderergeschäft. Die Linie bedient nicht nur die Strecke von den Mittelmeerhäfen nach Amerika, sondern auch den Dienst von Glasgow über Irland nach New York. Als der junge Schriftsteller am 7. August 1879 an Bord geht, ist die 1877 auf der Barrow-Werft vom Stapel gelaufene Devonia eine der modernsten Einheiten der Flotte. Sie ist das vierte von insgesamt fünf baugleichen Schwesterschiffen, die für die Anchor Line im Einsatz sind, und besitzt neben einer Dampfmaschine auch drei Masten mit Hilfsbesegelung – in jener Zeit die typische Ausstattung von Schiffen. Mit 4.270 Bruttoregistertonnen und einer Länge von 400 Fuß (rund 130 Meter) ist sie in der Lage, neben 200 Passagieren der ersten Klasse und 100 der zweiten Klasse auch 800 Zwischendeckspassagiere zu befördern.

Stevenson bucht eine Passage in der zweiten Klasse (»Zweite Kajüte«) – doch der qualitative Unterschied gegenüber dem Zwischendeck ist nicht allzu groß, auch befindet sich seine Kammer ganz in der Nähe der Auswandererquartiere. Immerhin: Als Zweite-Klasse-Passagier muss Stevenson nicht sein eigenes Bettzeug mitbringen, schläft in einer eigenen Kammer – sogar mit Messingschild an der Tür, das ihn in seinen Augen zum Gentleman erhebt – und bekommt das Essen auf Reedereigeschirr serviert. Diese Annehmlichkeiten wiegen in seinen Augen gut und gern die zwei Guineen auf (eine Guinee entsprach einem Britischen Pfund und einem Shilling), die die Zweite Kajüte gegenüber der sechs Guineen teuren Zwischendeckspassage mehr kostet.

Allerdings: Auch für Stevenson ist das servierte Essen eher dritt- als erstklassig: »Ich selbst ernährte mit fast ausschließlich von Brot, Porridge und Suppe«, beschreibt er die zwar sättigende, aber auf Dauer recht eintönige Kost. Mittags gibt es zusätzlich aufgeschnittenen Braten oder gekochtes Pökelfleisch von höchst unterschiedlicher Qualität – einmal kommt es wegen des ungenießbaren Essens zu einer kollektiven Beschwerde auf dem Zwischendeck. Durch einen Zufall wird Stevenson verdächtigt, der Urheber zu sein, kann diesen Vorwurf aber rasch ausräumen und ist von da an der erklärte Liebling der Stewards. Immer wieder stecken sie ihm einige Extrahappen und Obst zu, das sie von den Vorräten der ersten Klasse abzweigen. Auch Pasteten und kalte Hühnerbeine, ganz offenkundig Überreste der Erste-Klasse-Diners, wandern häufiger auf Stevensons Teller.

Die kulinarischen Grüße vom Oberdeck bleiben jedoch fast die einzige Begegnung zwischen den Klassen. Nur einmal betreten ein eleganter junger Mann und zwei feine junge Damen aus der ersten Klasse das Zwischendeck und betrachten neugierig, aber auch mit mitleidig-abschätzigem Blick die Passagiere. Stevenson empfindet dies als unpassendes und geradezu ungehöriges Eindringen in ein fremdes Reich: Mögen die Erste-Klasse-Passagiere doch bitte unter sich bleiben – so wie dies die Zwischendeckspassagiere gezwungener Maßen auch tun!

Welche geringe Wertschätzung die Menschen auf dem Zwischendeck – immerhin die größten Ertragsbringer für die Reedereien im Nordatlantikgeschäft – bei der Schiffsbesatzung genießen, wird Stevenson bei einem Vorfall auf dem Vordeck sehr bewusst. Dort entdeckt er zusammen mit einem Mitpassagier einen älteren Mann, der mit einer Magenkolik an der Reling zusammengebrochen ist. Stevenson marschiert, alle Vorschriften missachtend, direkt zur Brücke und lässt nach dem Schiffsarzt rufen; dem wachhabenden Offizier erklärt er listig, dass es sich bei dem Kranken vermutlich um einen Heizer handle. Der Trick funktioniert, aus Sorge um ein dringend benötigtes Besatzungsmitglied wird sogleich der Schiffsarzt herbeizitiert, doch der enttäuschte Kommentar eines ebenfalls zu Hilfe

eilenden Stewards spricht Bände: »Bloß ein Passagier!« Immerhin: Der
Schiffsarzt kümmert sich in der Bordapotheke um den Maladen, ehe er ihn
in seine Koje auf dem Zwischendeck zurückschickt.

Die Geringschätzung kommt nicht ganz von ungefähr, denn die
Bedingungen unter Deck – stets im trüben Halbdunkel und nur von einer
funzeligen Laterne beleuchtet – sind alles andere als romantisch, und die
notdürftigen hölzernen Quartiere starren vor Dreck. Stevenson notiert: »Die
Verschläge, Abteile, Kirchenbänke – ich weiß nicht, wie ich sie nennen
soll – lagen außerdem allein von ihrer Anordnung her schon außerhalb der
Reichweite von Eimer und Schrubber. Jedes der vier breiten Bretter mit
seinen vier tiefen Unterteilungen bildete eine vierfache Zufluchtsstätte
für jegliche Art von Schmutz. Wenn der Verschlag mit sechzehn lebendi-
gen, mehr oder weniger ungewaschenen menschlichen Tieren voll belegt
war, die die ganze Nacht zusammen in der gleichen stickigen Luft und in
dem heillosen Durcheinander von Essensresten, schmutzigen Näpfen und
muffigem Bettzeug lagen, hatten Gesundheit oder Sauberkeit nicht die
geringste Chance.«

Zudem liegt der Raum für die Auswanderer ganz vorn im Bugbereich,
wo die Schiffsbewegungen am stärksten spürbar sind und die anrollenden
Wellen einen infernalischen Krach machen. Bei starkem Seegang müssen
auch noch die Niedergänge zum Deck geschlossen werden, und die Melange
aus verbrauchter Luft, Erbrochenem, den Ausdünstungen vieler ungewa-
schener Menschen und dem überall vorherrschenden Dreck wird vollends
unerträglich. Stevenson notiert weiter: »Alles Waschen unter Deck war
strengstens verboten. Man konnte unter der Pumpe neben der Kombüse
vielleicht seine Hände waschen, aber das war auch alles.« Dementsprechend

verdreckt sehen die Zwischendeckspassagiere nach der gut zweiwöchigen Reise bei ihrer Ankunft aus – nicht gerade ein vielversprechender Start in ein neues Leben.

Immerhin hat Stevenson auf der Reise – wenn er nicht gerade seine Aufzeichnungen macht und dadurch zum viel begafften Exoten wird – ausreichend Gelegenheit, etliche der Emigranten näher kennenzulernen. Er wundert sich zu Recht darüber, dass nicht etwa junge ledige Männer, sondern überwiegend Männer mittleren Alters, häufig mit Frau und Kindern, die gefährliche Überfahrt und einen ungewissen Neuanfang in den USA wagen. Viele sind in ihrem bisherigen Leben gescheitert – ein älterer Mann etwa flieht vor seiner trunksüchtigen Frau in eine neue Existenz, zwei jüngere Männer vor ihrem alkoholkranken Vater, von dem sie fürchten, dass er ihre ganze Familie ruinieren wird.

Auch unter den Auswanderern bilden sich schnell Gruppen – hier die Engländer, dort die Skandinavier, im hinteren Teil des Decks die Deutschen, zu denen sich auch ein aus dem Zarenreich geflohener Russe gesellt. Trotz allen Elends machen die meisten das Beste aus ihrer Situation. Sie musizieren, singen und tanzen, gehen an Deck spazieren und rauchen dort ihre Pfeife. Vor allem die Kinder, die auf dem stickigen Zwischendeck wenig Auslauf haben, genießen die Zeit an der frischen Luft und klettern so unbeschwert auf den Masten und auf der Reling am Bug herum, dass sich Stevenson über die stoische Ruhe ihrer Mütter nur wundern kann.

Demonstrative Gelassenheit zeigen auch die beiden blinden Passagiere, die auf dieser Fahrt an Bord sind und relativ schnell von der Mannschaft aufgegriffen werden. Statt wie auf anderen Linien in Ketten gelegt zu werden, stellt der Kapitän es ihnen frei, sich ihre Überfahrt mit ehrlicher Arbeit zu verdienen. Der eine, ein schmächtiger junger Mann, schuftet daraufhin wie ein Wilder und erhält nach Ende der Passage das Angebot für eine feste Heuer. Der andere, ein großmäuliger Windbeutel aus ehemals gutem Haus, rührt nur pro Forma einen Finger und prahlt am Ende noch damit, dass seine (wenige) Arbeit umgerechnet auf den Fahrpreis die Reederei ganz schön teuer komme. Stevenson drückt zwar seine Abscheu über diese asoziale Lebenseinstellung aus, muss dem Mann für seine Chuzpe aber auch eine gewisse Bewunderung zollen.

Das genaue Abwägen der minutiös beschriebenen Methoden, als blinder Passagier unbemerkt auf einen Ozeandampfer zu gelangen, vor allem aber die plastische Schilderung der unmenschlichen Umstände auf dem Zwischendeck sind die Gründe dafür, dass Stevensons Reisebeschreibung der Atlantiküberquerung in »The Amateur Emigrant« erst posthum im Jahr 1895 erscheinen kann. Lediglich der zweite Teil des Werks, der die Fahrt von New York quer über den Kontinent bis nach San Francisco beschreibt, erscheint noch zu Lebzeiten des Schriftstellers.

In San Francisco ist Stevenson glücklich wieder mit Fanny vereint, nach deren Scheidung die beiden im darauffolgenden Jahr heiraten können. Aufgrund von Stevensons immer deutlicher zutage tretenden Tuberkulose zieht das Paar in den Schweizer Lungenkurort Davos, später nach Schottland und Frankreich, dann bereisen die beiden mehrfach den Pazifischen Ozean und die Südsee – auch diese deutlich angenehmeren Schiffsreisen wird Stevenson später literarisch verewigen. Linderung und Ruhe findet der kranke Schriftsteller letztlich erst auf der Südseeinsel Samoa, wo er eine Plantage erwirbt und sesshaft wird. Die Einheimischen geben ihm ehrfurchtsvoll den Namen

»Tusitala« – Geschichtenerzähler –, und Stevenson hat noch einmal eine höchst produktive Zeit, bevor er am 3. Dezember 1894 überraschend stirbt.

Die Devonia, längst veraltet für die immer härtere Konkurrenz auf dem Nordatlantik, überlebt ihren womöglich berühmtesten Passagier nur um fünf Jahre. 1899 wird sie in Hamburg verschrottet. Die Anchor Line existiert als eigenständige Gesellschaft immerhin noch bis 1911, dann übernimmt der große Konkurrent Cunard alle Anteile und sichert sich so weitere Marktanteile im lukrativen Auswanderergeschäft. Zu diesem Zeitpunkt sind die Bedingungen auf den Auswandererschiffen, nicht zuletzt dank strengerer Auflagen, längst deutlich besser geworden. Brandneue Ozeanriesen wie die Titanic oder der deutsche Imperator setzen neue Standards auch in der dritten Klasse – mit beheizten Mehrbettkabinen statt Massenquartieren, komfortablen Speise- und Aufenthaltsräumen und sanitären Einrichtungen, die diesen Namen verdienen. Stevenson hätte diese Entwicklung gewiss gefreut.

# Das Arktisabenteuer des Doktor Watson

Er war einer der bestbezahlten britischen Schriftsteller seiner Zeit. Seine Bücher und Fortsetzungsgeschichten verkauften sich hunderttausendfach, seine Tantiemen kletterten ebenso unaufhaltsam wie seine Popularität. Unsterblich wurde er jedoch nicht mit seinen historischen Romanen, sondern durch den wohl berühmtesten Detektiv der Literaturgeschichte: Sherlock Holmes.

Doch von diesem literarischen Ruhm ahnt der schottische Medizinstudent Arthur Conan Doyle (1859–1930) gewiss noch nichts, als er im Frühjahr 1880 – im dritten Studienjahr und gerade einmal 20 Jahre alt – als Schiffsarzt an Bord eines Grönland-Walfängers anheuert. Was lediglich als finanzielles Zubrot zwischen den Studienjahren gedacht ist, wird schnell zum Abenteuer seines Lebens, in seiner Wucht und Intensität nur vergleichbar mit den Beschreibungen in einem Jack-London-Roman. »Ich schiffte

mich als großer, unsteter Jüngling auf dem Walfänger ein und kehrte als kraftvoller, reifer Erwachsener zurück«, erinnert sich Doyle später, und in einem Interview drückt er es noch drastischer aus: »Bei 80 Grad nördlicher Breite wurde ich erwachsen.«

Doyles Erlebnisse spiegeln sich in seinem Werk, beispielsweise in der Figur des tyrannischen Kapitäns »Black Peter« in der gleichnamigen Holmes-Geschichte, oder in der späteren Reisebeschreibung »Life on a Greenland Whaler«. Mehr noch, in den unendlichen Weiten der Arktis und in der Gesellschaft rauer Männer formt sich Doyles literarisches Talent, beschreibt der angehende Arzt mit akribischem Blick und viel Selbstironie anschaulich den harten Alltag auf See. Das handschriftliche Tagebuch seiner insgesamt sechs Monate dauernden Arktisreise ist in mehreren kleinen Kladden erhalten geblieben – und wurde jüngst von der British Library unter dem Titel »Dangerous Work: Diary of an Arctic Adventure« als Faksimile herausgegeben. Auf etlichen Dutzend akkurat mit dunkler Tinte beschrieben Seiten legt Doyle darin Zeugnis ab von der rauen, gefährlichen Arbeit des Wal- und des Robbenfangs unweit des Polarkreises.

In das Abenteuer schlittert Doyle eher zufällig. Ein Kommilitone hat bereits für die Reise angeheuert, tritt dann aber kurzfristig zurück und überlässt Doyle seinen Platz und – natürlich gegen Erstattung der Kosten – seine Polarausrüstung. Nur eine Woche bleibt Doyle zur Vorbereitung, dann reist er Ende Februar 1880 von Edinburgh aus nach Peterhead, einer Kleinstadt im nordöstlichsten Winkel von Schottland, wo schon die HOPE reisefertig vor Anker liegt. Das Schiff ist ein typischer Walfänger seiner Epoche: ein Dreimaster mit Hilfsdampfmaschine, deren schlanker Schornstein steil zwischen Haupt- und Besanmast aufragt.

Denn Walfang gestaltet sich trotz der modernen Dampfmaschine auch Ende des 19. Jahrhunderts noch ganz ähnlich wie zu Zeiten von Kapitän Ahab und Moby Dick ein paar Jahrzehnte zuvor: Vorsichtig nähern sich die geruderten Walfangboote den großen Meeressäugern, damit der Harpunier am Bug genau zielen und mit seiner Kanone – die einzige technische Verbesserung – die Harpune in die Seite des Tieres schießen kann. Der verwundete Wal taucht, das mit der Harpune verbundene Seil rollt ab, und dann beginnt der stundenlange Kampf zwischen Mensch und Tier. Am Ende taucht der zu Tode erschöpfte Wal auf, wird erneut harpuniert und der Kadaver schließlich längsseits des Walfangschiffs vertäut, wo er von der Besatzung eiligst zerstückelt wird. Die Barten sind gesuchtes Rohmaterial für die Korsettmacher in aller Welt, aus dem Speck gewinnt man Waltran, einen Grundstoff für Seifen und Schmierstoff. Drei Shilling Prämie pro gewonnener Tonne wird Doyle am Ende erhalten, zusätzlich zu seiner Heuer von zwei Pfund und zehn Shilling im Monat.

Doch zunächst einmal muss sich der angehende Akademiker unter der Mannschaft Respekt verschaffen. Dabei kommt dem kräftig gebauten Doyle der Boxsport zu Hilfe. Den boxerprobten Steward, der ihn zum Wettkampf herausfordert, schickt er relativ schnell zu Boden. Mit wortwörtlich einem Schlag ist Doyles Rolle an Bord gefestigt, der junge Mann akzeptiertes Mitglied der Mannschaft. Die nimmt es ihm auch nicht übel, dass er zahlreiche Bücher mit an Bord bringt und in den folgenden Wochen alle – vom Koch bis zum Kapitän – mit den historischen Schriften von Thomas Macauley quält.

Andererseits muss Doyle das ganze Geschäft des Wal- und Robbenfangs von der Pike auf lernen. Als Arzt hat er – glücklicherweise – nicht viel zu tun, umso mehr will er sich als vollwertiges Mitglied in die Bordgemeinschaft einbringen. Zugang findet er zum Kapitän John Gray, »einem wirklich wunderbaren Mann, einem großen Seemann und ernsthaften Schotten«, wie Doyle anmerkt. Als Schiffsarzt ist Doyle Grays bevorzugter Gesprächspartner bei Tisch, was den Kapitän freilich nicht davon abhält, in seinen Entscheidungen klare Kante zu zeigen: Als Doyle das erste Mal mit auf Robbenjagd gehen will, verbietet es ihm Gray rundheraus – wegen mangelnder Erfahrung. Erst als Doyle durch eine Ungeschicklichkeit ausgleitet und über die Reling stürzt, gibt der Kapitän nach: Im Grunde sei es auch egal, ob der junge Schiffsarzt von Bord oder von einer Eisscholle ins Wasser falle. Noch mehrfach wird Doyle in den folgenden Wochen in das eiskalte Wasser stürzen, einmal schafft er es nur mit letzter Kraft und viel Glück zurück auf die rettende Scholle.

Die Besatzung besteht aus 50 Mann – die Hälfte Schotten vom Festland, die andere Hälfte von den Shetlandinseln, die der Segler unterwegs an Bord nimmt. Die Reise geht weiter nordwärts, an Spitzbergen vorbei, und nach wenigen Tagen erreicht das Schiff bereits die Treibeiszone. Vor dem Walfang steht zunächst jedoch die Robbenjagd auf dem Programm. Zwischen dem 71. und 75. Breitengrad entdeckt die Mannschaft eine große Kolonie, und gleich nach Ablauf der gesetzlich festgeschriebenen Schonzeit am 3. April schlagen die Männer zu: Sie töten so viele Robben, wie sie erwischen können, und das Blut der Tiere färbt den Schnee ringsum rot: »Es ist eine brutale Arbeit«, konstatiert Doyle, doch er rechtfertigt das blutige Geschäft damit, dass es zahlreichen Seeleuten, Dockarbeitern, Gerbern, Pöklern, Prüfern, Schiffsausrüstern, Lederwarenhändlern und Ölverkäufern im Land Arbeit verschaffe.

Nachdem die blutige Robbenjagd im Juni beendet ist, segelt die HOPE weiter nach Norden. Hier, zwischen dem 79. und 80. Breitengrad, beginnt das Reich der Wale. Schon zu Doyles Zeiten ist ihre Zahl deutlich dezimiert – der Kapitän schätzt den gesamten Bestand in Grönlands Gewässern auf maximal noch 300 Tiere. Was heute jeden Naturschützer mit Recht alarmieren würde, ist für die Besatzung seinerzeit nur ein lästiges Ärgernis, denn es erschwert das Aufspüren der riesigen Tiere immer mehr. Sieben Boote, jedes mit sechs Mann besetzt, kann die HOPE zur Waljagd einsetzen. Für das achte Boot sind eigentlich nicht genügend Leute da, doch den jungen Schiffsarzt drängt es, nicht nutzlos an Bord zurückzubleiben, und so begibt er sich mit dem Maschinisten und einigen anderen ebenfalls auf die Jagd. »Lachsfischen ist ein königliches Spiel«, befindet er, »aber wenn der Fisch mehr als eine Villa wiegt, verschwindet daneben alles.« Auch dieses vermeintliche Abenteuer ist in Wirklichkeit ein lebensgefährliches Unterfangen: Einmal erhebt ein schon tödlich getroffener Wal seine gewaltige Seitenflosse drohend über das Boot, und die Männer sehen bereits ihr Ende nahen, doch im allerletzten Augenblick lässt das Tier die Flosse wieder kraftlos sinken und rollt zur Seite.

Lediglich vier Wale erlegt die HOPE auf ihrer Fahrt, doch bringt sie Mitte August eine Ladung von 66 Tonnen mit nach Schottland. Von dem Abenteuer seines Lebens profitiert Doyle am Ende so nicht nur menschlich, sondern auch finanziell: Sein Gewinnanteil beträgt 50 Pfund, damals eine sehr ansehnliche Summe. Für die folgende Fangsaison hat ihm der hoch zufriedene Kapitän sogar doppelte Heuer in Aussicht gestellt, doch eine weitere Grönlandreise kommt für den angehenden Arzt nicht infrage – er fürchtet, der Faszination Arktis für immer zu erliegen, und selbst eine exzellente Bezahlung kann für ihn die latente Lebensgefahr nicht aufwiegen. Zwar heuert Doyle nach seinem Examen 1881 erneut als Schiffsarzt an, doch diesmal auf der augenscheinlich geruhsameren Route entlang der afrikanischen Westküste. Der vermeintlich vielversprechende Job entpuppt sich jedoch schnell als Missgriff: Tropische Temperaturen, hohe Luftfeuchtigkeit, drohende Malariagefahr und die Aussicht, in der öden Routine des Schiffsalltags zum Alkoholiker zu werden, lassen Doyle diese Karriere nach nur einer Reise wieder aufgeben.

Er eröffnet stattdessen eine Praxis in der Nähe von Portsmouth und beginnt, da er anfangs nur wenige Patienten hat, in seiner reichlichen freien Zeit mit dem Verfassen von Geschichten. Hier beginnt die eigentliche, nämlich die literarische Karriere des Arthur Conan Doyle. Nachdem ein Versuch, sich als Augenarzt zu spezialisieren, kläglich scheitert, verlegt sich Doyle schließlich ganz aufs Schreiben. Berühmtheit und Geld bringen ihm vor allem seine Kurzgeschichten und Romane mit Sherlock Holmes ein, dem er – gewissermaßen als sein literarisches Alter Ego – den praktischen Arzt Dr. John H. Watson zur Seite stellt. Bis weit nach dem Ersten Weltkrieg liefert Doyle immer neue Holmes-Geschichten, insgesamt entstehen über die Jahrzehnte vier Romane und 56 Kurzgeschichten.

In späteren Jahren verfällt der gefeierte Autor dem Spiritismus, hält darüber Vorträge in Europa und den USA, sitzt einem Schwindel mit gefälschten Elfenfotos auf und büßt letztlich viel von seiner Reputation ein. Müde und ausgelaugt, aber auch höchst zufrieden mit dem Erreichten stirbt Arthur Conan Doyle mit 71 Jahren im Juli 1930. Die Reise seines Lebens hat er bis zuletzt nicht vergessen, und die Anziehungskraft der arktischen Natur beschreibt er mit folgenden Zeilen: »Jeder, der einmal in dieser geheimnisvollen Region gewesen ist, die der schönste, aber auch abstoßendste Ort der Erde sein kann, wird immer etwas von ihrem Zauber in sich tragen.«

# Yachtausflug durch Schleswig-Holstein

Er war ein vom Erfolg verwöhnter Autor. Er liebte das Leben, den Luxus, das Reisen – so auch mit der eigenen Yacht von der Nord- in die Ostsee, quer durchs Land auf dem damaligen Eiderkanal. Und er liebte die moderne Technik, die er in zahlreichen seiner Werke feierte. Viele seiner Bücher sind noch heute gern gelesene Abenteuerklassiker, und viele davon haben mit der Seefahrt zu tun. Denn die See liebte er auch: Ob »20.000 Meilen unter dem Meer«, »Die schwimmende Stadt«, »Die Abenteuer des Kapitän Hatteras« oder »Reise um die Erde in 80 Tagen« – immer wieder kreisten seine Geschichten um spektakuläre Schiffsreisen, teilweise mit utopischem Charakter. Nicht umsonst gilt Jules Verne (1828–1905) als Begründer des Science-Fiction-Romans.

Längst nicht so futuristisch, aber kaum weniger spannend liest sich ein Tatsachenbericht über Vernes Reise quer durch Schleswig-Holstein im

Jahr 1881. Diesmal führt Verne zwar das Schiff, aber nicht den Stift. Den übernimmt sein Bruder Paul, der ihn auf der Reise begleitet – und die Reisebeschreibung »Von Rotterdam bis Kopenhagen« später dann in einem Sammelband seines Bruders unterbringt. Paul Verne verdanken wir dabei eine höchst lebendige, fast poetische Schilderung des Landes, eine genaue Beobachtung seiner Häfen – allen voran Kiel – und nicht zuletzt den höchst amüsanten Erfahrungsbericht einer Durchquerung des Eiderkanals, also der »alten« Verbindung von Nord- und Ostsee.

Und das auf höchst bequeme Art: Denn Jules Verne, durch seine Bücher zu viel Geld gekommen, hat sich eine eigene Luxusdampfyacht geleistet, mit der er zahlreiche Vergnügungsreisen unternimmt. So auch im Sommer 1881 quer durch Schleswig-Holstein, wobei die Fahrt doch eigentlich nach St. Petersburg gehen sollte. Aufgrund verschiedener Verzögerungen, vor allem wegen des schlechten Wetters in der Nordsee, endet die Fahrt dann jedoch bereits in Dänemark.

Die Liebe zur See ist dem erfolgreichen Autor augenscheinlich schon in die Wiege gelegt, als er 1828 im Hafenviertel von Nantes geboren wird. Seine Mutter entstammt einer Reederfamilie, und schon früh packt Jules Verne die Abenteuerlust: Mit elf Jahren versucht er heimlich als Schiffsjunge anzuheuern, wird aber in letzter Minute wieder von Bord geholt. Statt einer Karriere auf See wartet zunächst die Schule, dann ein Jurastudium, da er die Anwaltspraxis des Vaters übernehmen soll.

Der Plan des Vaters geht allerdings nicht auf. In Paris lernt Verne die Welt der Literaten kennen, knüpft Kontakte zu Vater und Sohn Dumas, die ihn protegieren, und beginnt selbst zu schreiben. Zunächst vor allem

Libretti, Komödien und Erzählungen, später auch Abenteuerromane. Zum Broterwerb arbeitet er auch einige Zeit als Börsenmakler. Der Durchbruch gelingt ihm 1862 mit »Fünf Wochen im Ballon«. Von nun an kann er gut vom Schreiben leben, publiziert in rascher Folge weitere Romane, die in viele Sprachen übersetzt werden. Gut 90 Bücher sind es am Ende seines Lebens, darunter die »Reise um die Erde in 80 Tagen« von 1872, sein auflagenstärkster und bis heute weltweit vielleicht bekanntester Roman.

Das Buch macht Verne endgültig zum reichen Mann, der sich 1877 die Dampfyacht SAINT MICHEL leistet. Es ist bereits das dritte Schiff gleichen Namens des Schriftstellers, nach zwei Segelbooten von acht und 20 Tonnen. Paul Verne, der Bruder des Schriftstellers, rät damals vehement zum Kauf des gerade ein Jahr alten Schiffes. 100.000 Francs hatte der adlige Vorbesitzer dafür ursprünglich bezahlt, nun stößt er das Schiff, an dem er das Interesse verloren hat, für 55.000 Francs ab. Eine immer noch horrende Summe, die Verne vergeblich zu drücken versucht. Dennoch greift er schließlich zu. Allzu verlockend erscheinen die Aussichten auf erholsame Privatkreuzfahrten im Familienkreis. Hören wir, wie Paul Verne das Schiff seines Bruders beschreibt:

»Die SAINT MICHEL ist ein eisernes Schiff, als Goélette getakelt, durch fünf wasserdichte Schotten getrennt und von eleganter Gestalt. (...) Alles in allem bietet unsere Dampfyacht einen herrlichen Anblick mit ihren hohen, geneigten Masten, dem schwarzen Rumpfe, über den sich an der Wasserlinie und unter dem Barkholz ein weißer Streifen hinzieht, mit ihren Lichtpforten in kupfernen Rahmen, mit ihren Trennkappen aus Teakeiche und den eleganten Linien, welche sie vom Heck bis zum Vordersteven zieren.«

Die Zweizylinder-Dampfmaschine nimmt die gesamte Schiffsmitte ein. Und sie ist auch bitter nötig zum Manövrieren bei der Reise, die Verne und sein Bruder zusammen mit weiteren Begleitern im Sommer 1881 unternehmen. Es ist bereits die dritte größere Privatkreuzfahrt nach einem Ausflug ins westliche Mittelmeer mit Abstechern nach Spanien, Marokko und Algier und nach einer England- und Schottlandreise mit dem Ziel Edinburgh. Neben Jules Verne selbst sind diesmal sein Bruder Paul Verne (der Autor des Reiseberichts), dessen Sohn sowie der Rechtsanwalt Robert Godefroy als Passagiere mit an Bord.

Doch im Gegensatz zu den vorigen Reisen ist das Wetter diesmal alles andere als günstig. Die geplante Fahrt durch die Nordsee von Rotterdam nach Hamburg fällt buchstäblich ins Wasser. Über Maas, Schelde und Kanäle arbeitet sich die SAINT MICHEL zunächst bis Antwerpen vor, bis sich das Wetter bessert und die Yacht vorbei an den West- und Ostfriesischen Inseln bis Wilhelmshaven segeln kann.

Die Stadt ist Kriegshafen der Kaiserlichen Marine, und Verne (als Angehöriger der Nation des »Erbfeindes«, gegen den man gerade einmal zehn Jahre zuvor Krieg geführt hat) muss sich erst umständlich die Genehmigung zum Einlaufen holen. Die Beschreibung des bürokratischen und entsprechend langwierigen militärischen Prozedere gehört zu den schönsten Stellen der Reisebeschreibung. Schließlich darf die Yacht anlegen, und die Besatzung genießt die Gastfreundschaft der Marine. Zwar ist der innere Hafen militärisches Sperrgebiet, doch wenigstens ein Artillerie-Schulschiff dürfen die französischen Gäste ohne Einschränkung besichtigen – möglicherweise nicht ganz ohne Hintergedanken. Denn stolz führt man ihnen das allerneueste Geschütz vor, eine mächtige

24-cm-Kanone von Krupp. Die Rechnung der Marine geht auf: Die Gäste sind stark beeindruckt.

Ursprünglich will Verne nach einem Aufenthalt in Hamburg um Dänemark herum segeln, um in die Ostsee zu gelangen. Doch ein findiger Ingenieur macht den Vorschlag, stattdessen den Eiderkanal zu benutzen und die Reise so deutlich abzukürzen. Auch den Einwand, das Schiff sei für die engen Schleusen zu lang, lässt er nicht gelten: Ein in der Nähe ankerndes Torpedoboot habe den Kanal schon einmal in entgegengesetzter Richtung passiert. Eine Vermessung ergibt: Die SAINT MICHEL ist ein gutes Stück kürzer als das Marineschiff. Was Verne und seine Mitreisenden allerdings nicht ahnen: Für das Torpedoboot hatte man seinerzeit extra die Schleusen provisorisch verlängert – im Deutsch-Französischen Krieg war es dabei auf die Kosten nicht angekommen …

Ein Aufwand, der zehn Jahre später für eine zivile Yacht aus Frankreich natürlich nicht betrieben wird. Als Verne und seine Mitreisenden an der ersten Schleuse den Irrtum bemerken, ist es bereits zu spät. Wenden ist für die 33 Meter lange Yacht in dem engen Kanal unmöglich. So bleibt als einziger Ausweg, den Bugspriet einzuholen. Eine Notmaßnahme mit Wirkung: Mit Mühe und Not passt die SAINT MICHEL jetzt in die Schleusenkammern.

Nun beginnt der angenehme Teil der Fahrt durch eine malerische Landschaft – die Paul Verne sichtlich genießt und wie folgt beschreibt: »Von Rendsburg bis Kiel führt der Kanal durch einen wirklichen Park, eine Art Saint Cloud, aber mit zweihundert Fuß hohen Bäumen, vorzüglich Buchen, welche an Stelle der Eichen und Tannen der Vorzeit getreten sind. Hier erweitert sich die Eider zu einem ausgedehnten und ruhigen Wasserbecken, welche das Bild ihrer anmutigen Ufer unverändert widerspiegelt (…). Rings um das Schiff säuselt und zittert ein Blättermeer, und das Ufer verschwindet gänzlich unter dem dunkel glänzenden Grün. Rosenstöcke neigen sich bei unserem unerwarteten Erscheinen, (…) während Buchfinken und Stieglitze eilends entfliehen, die Störche furchtlos stehen, wenn wir vorüberfahren, erheben sich dann raschen Fluges und suchen einen Platz auf den Gipfeln der Bäume oder auf dem Radneste der Bauerngehöfte.«

Sechs Schleusen, zwei Eisenbahn-Drehbrücken und mehrere Zugbrücken passiert die SAINT MICHEL, ehe man endlich Kiel erreicht. Die malerisch anmutenden scharfen Biegungen der Eider haben der Besatzung in ihrer vergleichsweise großen Yacht ein ums andere Mal zu schaffen gemacht, und häufig können sie nur mithilfe eines Bootshakens Abstand zum Ufer halten. Paul Verne notiert, dass die deutsche Regierung daher einen »Kanal in größtem Maßstabe« bauen wolle, der auch von Kriegsschiffen mit großem Tiefgang befahren werden könne – der heutige Nord-Ostsee-Kanal ist damals bereits in Planung …

In Kiel halten sich die Vernes nicht lange auf. Sie verzichten sogar darauf, sich die kaiserlichen Werften näher anzusehen, da dies einer Erlaubnis aus Berlin bedurft hätte. So sehen sie nur von Ferne, wie auf den Helligen vier Panzerkreuzer moderner Bauart liegen und wie emsig an den Schiffen gearbeitet wird. Umso mehr Augen haben sie für die Schönheit der Landschaft, und selbst die »Kieler Woche« scheinen sie schon vorauszuahnen: »Ohne Zweifel entwickelt sich dieses bevorzugte Stückchen Erde in nicht ferner Zeit zum Stelldichein der vornehmen deutschen Gesellschaft, zu einem Brighton Norddeutschlands (…).«

Die weitere Reise nach Kopenhagen verläuft dann unspektakulär – auch wenn dort ein wahrer »Medienrummel« einsetzt angesichts des kleinen französischen Schiffs, das sich bis in die dänische Hauptstadt vorgewagt hat. Nach ein paar Tagen treten die Segler die Rückreise an, die sie erneut durch den Eiderkanal führt – und schließlich zurück durch den Ärmelkanal zu ihrem Heimathafen. Es ist das gelungene Ende einer schönen, fast einen Monat lang dauernden Sommerreise.

Verne verkauft die SAINT MICHEL fünf Jahre später – und zahlt damit die Schulden, die sein Sohn durch unglückliche geschäftliche Transaktionen angehäuft hat. Jules Verne, der große Technikschriftsteller, stirbt am 24. März 1905. Seine Bücher aber faszinieren bis heute – ebenso wie seine Reise durch Schleswig-Holstein im Jahr 1881.

# Ein Schöngeist auf Weltreise

Sie gilt als die Krönung aller Kreuzfahrten: die Weltreise. Nur die allerwenigsten Passagiere bringen genügend Zeit und Geld auf, um sich diesen mehrmonatigen Luxus zu gönnen. Harry Graf Kessler (1868–1937) hingegen konnte es: Als Sohn eines reichen deutschen Bankiers war er bar aller materiellen Sorgen. Der 23-Jährige hatte es außerdem nicht eilig mit dem Abschluss seines Jurastudiums. Vielmehr wollte der polyglotte, in Paris und New York aufgewachsene Graf zunächst einmal die Welt sehen – und er wusste auch ganz genau, wie man das am besten anstellte.

Denn Reisen um die Welt sind Ende des 19. Jahrhunderts noch etwas Besonderes. Jules Vernes bekannter Roman von 1873 hat die Idee populär gemacht, doch ein Hauch von Abenteuer schwingt nach wie vor mit. Organisierte Weltreisen auf einem einzigen Schiff soll es erst Anfang der 1920er-Jahre geben (hier ist das von American Express gecharterte Cunard-Schiff

LACONIA der Vorreiter), und so bleibt letztlich nur die individuelle Planung und die Buchung bei unterschiedlichen Reedereien.

Kessler jedenfalls geht die Sache zielstrebig an: Ägypten, Indien, Indochina, Java, Australien, Neuseeland, schließlich Nordamerika, so lautet die geplante Reiseroute seiner ausgedehnten Kavalierstour, die er im Herbst 1891 seinem Vater unterbreitet. Der findet rasch Gefallen an dem Unternehmen – und zahlt das Vergnügen. Wohl nicht zuletzt auch deswegen, weil der junge Graf zunächst in New York ein Praktikum absolvieren soll: eine Vorbereitung auf die spätere Übernahme der väterlichen Geschäfte.

Zu der es dann freilich nie kommt: Kessler strebt vielmehr später nach Abschluss seines Militärdienstes halbherzig einen Diplomatenposten an, doch seine Liebe zur Kunst ist letztlich stärker. Als Chefredakteur einer Kunstzeitschrift, dann als Direktor der Weimarer Kunstsammlungen und – nach einem Skandal um angeblich pornografische Zeichnungen von Rodin, der ihn zum Rücktritt zwingt – als Verleger bibliophiler Kostbarkeiten. Befreundet mit namhaften Künstlern seiner Zeit wie dem Schriftsteller Hugo von Hofmannsthal, den Bildhauern Auguste Rodin und Aristide Maillol oder dem Architekten Henry van de Velde ist der rastlose Graf pausenlos in Europa unterwegs, fühlt sich in Paris ebenso zu Hause wie in Berlin oder London. Kessler ist Bohemien und Snob, Kunstkenner und Ästhet, schwerreicher Erbe und großzügiger Mäzen, Weltenbummler und zwischendurch immer wieder dilettierender Hobby-Diplomat in mal offizieller, mal inoffizieller Mission. Nach den Erlebnissen des Ersten Weltkriegs neigt er dem Pazifismus zu, hegt gar Sympathien für die politische Linke, was ihm den Spitznamen »Der rote

Graf« ebenso einträgt wie den Hass der Nazis. Ein abenteuerliches, ein buntes Leben also. Und eines, das wir heute dank Kesslers Aufzeichnungen bestens nachverfolgen können.

Auch Kesslers Reisen sind so gut überliefert – denn der Schöngeist und wache Beobachter schreibt seit seiner Jugend ausführlich Tagebuch, mehrere Tausend Seiten umfassen allein die bereits edierten Teilbände. Man erfährt viel über Beobachtungen unterwegs, über Begegnungen mit fremden Menschen und Kulturen. Über die praktischen Reisevorbereitungen wie auch über die benutzten Schiffe hingegen schreibt Kessler wenig – sie sind für ihn nur Mittel zum Zweck, nicht aber Gegenstand näherer Betrachtung.

Im Dezember 1891 sticht Kessler in See. Gegenüber der ursprünglichen Planung stehen nun die USA an erster Stelle. Erst die Pflicht, dann das Vergnügen, mag sich der Vater gedacht haben, der ihn in New York schon erwartet. Und statt der einjährigen Reise sind es schließlich gut sechs Monate, die Kessler unterwegs sein wird. Australien und Neuseeland sind von der Route stillschweigend gestrichen.

Am 2. Weihnachtstag, dem 26. Dezember 1891 bricht Kessler morgens in Paris auf, besteigt den »Train Transatlantique« und sticht gegen Abend von Le Havre aus an Bord der NORMANDIE in See. Vermutlich handelt es sich dabei um einen 6.300 Bruttoregistertonnen großen, 1881 in Großbritannien gebauten Dampfer der Compagnie Générale Transatlantique. Mit den winterlichen Bedingungen auf dem Atlantik hat das Schiff jedenfalls seine Probleme. Minutiös notiert Kessler seine Beobachtungen, spricht bei aufziehendem Sturm lyrisch von »wildanspritzendem Gischt« und »wogenden schwarzen Wassermassen«, von denen schließlich sogar in der Nacht ein Schwall durch die Luke in seine Kabine dringt. Noch Tage später ist wegen des Sturms kaum an Schlaf zu denken: »Man liegt stundenlang da von Seite zu Seite geworfen und hört das Rauschen des Wassers, das über das Verdeck schlägt, das Krachen des Schiffes, das Stampfen der Maschine, die Tritte der Mannschaft auf dem Deck und dann wieder Stimmen, Kettengeklirr und alle unbeschreiblichen Geräusche der Nacht (...).«

Erst allmählich bessert sich das Wetter. Kessler hat Muße, seine Mitpassagiere zu beobachten – und ist angeödet: »Tagsüber geht man an Deck spazieren, macht geistreiche Bemerkungen über Wetter, Seegang, Schnelligkeit des Schiffes etc., langweilt sich, gesteht es zu und hat nicht den Mut, etwas zu tun. Abends sitzt man im Salon und versucht sich und anderen einzureden, man mache den Damen die Cour.« Der junge, fesche Millionärssohn wird prompt von einer älteren Dame umgarnt – und versucht sich dem nach Kräften zu entziehen. Er besucht lieber das Zwischendeck voller Auswanderer aus der Schweiz und Italien und plaudert mit dem Schiffskommissar über die unwürdigen Arbeitsbedingungen der Heizer – sein großes Interesse an sozialen Fragen kommt hier bereits zum Vorschein. Die Gesellschaft der ersten Klasse reizt ihn hingegen weniger: »Im Ganzen ein langweiliges und, wenn nicht die unerschöpfliche Schönheit der See wäre, ein unausstehliches Leben.« Beeindruckt zeigt er sich hingegen von der Einfahrt ins lichtergleißende New York am Abend des 4. Januar – ein Anblick, der auch heute noch zu den wohl schönsten Erlebnissen einer Transatlantikreise gehört.

Sind die Tagebucheinträge auf der Atlantiküberquerung noch lang und detailreich, so notiert Kessler im März und April 1891 auf der fast drei Wochen dauernden Pazifikreise von San Francisco nach Yokohama nur wenige kurze Sätze, meist über das Wetter. Lediglich die Überquerung der Datumsgrenze ist ihm einen gesonderten Eintrag wert, ebenso die Mitpassagiere: ein halbes Dutzend Missionare, britische Teehändler, der japanische Gesandte in Wien mit Familie sowie etliche »globe trotters«, die an Deck Cricket spielen. Akribisch listet der bildungshungrige Schöngeist hingegen seine Lektüre während der langen Überfahrt auf: Montaignes »Essais«, Goethes »Faust II«, Nietzsches »Zarathustra«, Homers »Odyssee«.

Über das Schiff, die OCEANIC, verliert er hingegen nicht ein Wort. Das ist schade, denn das Schiff war gewissermaßen eine schwimmende Legende: der erste Schnelldampfer der White Star Line, 1870 bei Harland & Wolff in Belfast gebaut und mit damals fortschrittlichen Details wie fließendem Wasser und elektrischen Klingeln ausgestattet. Nach nur vier Jahren im Nordatlantikdienst wurde das elegante, yachtähnliche Schiff mit Platz für 166 Passagiere der ersten und 1.000 der dritten Klasse an die Occidental & Oriental Steamship Company verchartert. Fortan verband der Liner San Francisco mit Yokohama und Hongkong, stellte auf der Strecke einen Pazifik-Geschwindigkeitsrekord auf, den er 1889 sogar mit gut 13 Tagen noch einmal übertraf. Die Besatzung bestand aus Chinesen, die Schiffsführung weiterhin aus Briten.

Fast einen Monat verbringt Kessler in Japan. Er ist fasziniert von der uralten Kultur des Landes – ein krasser Gegensatz zu den rastlosen USA –, er besucht Tokio, Nagoya, Kyoto und Kobe, von wo aus er sich in Richtung Schanghai einschifft. Ihn erwartet diesmal eine vergleichsweise kurze Überfahrt von gerade einmal drei Tagen. In schnellen Etappen geht es anschließend weiter: Hongkong, Saigon, Singapur, Penang (Malaysia). Kessler macht jeweils nur kurz Station, aber er zeigt sich begeistert von den Eindrücken. So schwärmt er von der Fahrt den Mekong hinauf bis nach Saigon und berichtet halb belustigt, halb ungläubig von Jugendlichen in Singapur, die von Kanus aus nach Münzen tauchen, die die Touristen vom Schiff ins Wasser hinabwerfen.

Wo immer er hinkommt, verkehrt Kessler dank der väterlichen Kontakte in den besten Kreisen, macht in Singapur dem deutschen Konsul seine Aufwartung und wird umgehend zu einem festlichen Bankett beim Gouverneur gebeten. Für seine jeweiligen Transportmittel hat Kessler auch jetzt wenig übrig, notiert lediglich einen einzigen Schiffsnamen (Dampfer MELBOURNE von Schanghai nach Hongkong) und schimpft auf ein anderes, das ihn nach Penang trägt: »Das Schiff ist miserabel, das saloppste, das ich bisher kennengelernt habe.« Ironie am Rande: Auf dieser Etappe liest Kessler ausgerechnet Twains Reisebestseller »Die Arglosen im Ausland«, das humorig die Widrigkeiten von dessen Mittelmeer-Kreuzfahrt schildert.

Von Penang geht es weiter nach Indien. Kessler bewundert die malerischen einheimischen Boote, die ihm wie Piratenschiffe vorkommen, und jammert über den Tropensturm, der ihn kein Auge zumachen lässt. Zur philosophischen Einstimmung auf Indien liest er jetzt Schopenhauer. Mitte Juni 1892 trifft Kessler in der Hafenstadt Kalkutta ein, Ausgangsbasis für seine gut zweiwöchige Rundreise durch das riesige Land. Er besucht Tempel und Märkte, bestaunt die Berge des Himalaja, lässt sich auf einer Barke den Ganges entlangfahren, besichtigt den Tadsch Mahal und genießt das farbenprächtige Spektakel der Residenzstadt Jaipur. Letzte Station ist

Bombay, wo Souvenirs erworben werden, dann geht es auf dem 4.000 Tonnen großen Dampfer THAMES von P&O in Richtung Heimat.

Ein kurzer Zwischenstopp in Aden und weiter geht die Fahrt durch den Suezkanal. Nüchtern berichtet Kessler von diesem Teil der Fahrt, der von vielen anderen Kreuzfahrern als das Ereignis schlechthin angesehen wird. Kessler hingegen ist gedanklich vermutlich schon bei den altägyptischen Sehenswürdigkeiten, und er vermerkt lapidar: »Die Zollformalitäten per Bakschisch abgemacht.« Mit dem Abendzug geht es nach Kairo, am nächsten Tag per Esel nach Gizeh, wo ihm das Gewimmel der Menschen nicht viel anders vorkommt als in Indien. Ein weiterer Tag Aufenthalt muss reichen. Dann geht es per Bahn weiter nach Alexandria, wo sich Kessler auf der SINGAPORE einschifft. Das Schiff ist gar nicht nach seinem Geschmack: »Die Passagiere an Bord sehr zweiter Klasse«, notiert er indigniert. Doch das Ende der Reise naht: In Sizilien geht er von Bord, setzt am 19. Juli aufs Festland über und kommentiert lakonisch: »Meine letzte Nacht auf dem Meere.«

Doch dabei sollte es nicht lange bleiben: Schon wenige Jahre später, Ende 1896, bricht Kessler zu einer erneuten großen Reise auf. Wieder sind die Vereinigten Staaten das erste Ziel, dann geht es weiter nach Mexiko, wo ihn die frühen Hochkulturen begeistern. Seine Militärzeit hat Kessler abgeleistet, sein Vater ist mittlerweile gestorben und hat ihn zum Millionenerben gemacht. Beinahe überstürzt reist Kessler im Anschluss an die Hochzeit seines besten Freundes aus Berlin ab. Der Nachtzug bringt ihn von Berlin nach Hamburg, dann geht es weiter nach Cuxhaven, wo er sich gegen Mittag auf der COLUMBIA einschifft. Als »VIP« speist er mit dem Kapitän und dem Ersten Offizier, doch vor stürmischer See – es ist Mitte

Oktober – kann ihn dies auch nicht bewahren. Während mancher Mitpassagier jedoch mit der Seekrankheit kämpft, bleibt Kessler äußerlich gelassen, liest Pascal und Novalis, philosophiert über den Glauben und die Liebe. Selbst das Bordfest am letzten Abend mit Tanz an Deck ist ihm nur eine kurze Erwähnung wert, um dann wieder auf Novalis zu kommen. Und auch die Einfahrt in New York, die ihn vor wenigen Jahren noch so begeisterte, vermag ihn diesmal nicht mehr als ein trockenes »Gegen ½ 10 am Dock in Hoboken gelandet« zu entlocken – die Dampfer legten damals nicht wie heute üblich in Manhattan an, sondern auf der gegenüberliegenden Seite des Hudson.

In den folgenden Wochen bereist Kessler die USA und Kanada, fährt schließlich mit dem Zug über New Orleans nach Mexiko weiter, wo er den Popocatepetl besteigt – eine beachtliche sportliche Leistung – und die antiken Maya-Stätten besucht. Zurück in den USA, schifft sich Kessler Ende Januar 1897 auf der TEUTONIC ein. Der White-Star-Dampfer ist gut zehn Jahre alt und – so wie Jahre zuvor die OCEANIC – in vieler Hinsicht ein technischer Trendsetter: ein Schiff ohne die bis dahin noch üblichen Masten, das stattdessen ganz auf die Kraft seiner Dreifach-Expansions-dampfmaschine vertraut. Zwei Schrauben schieben den Oceanliner mit mehr als 20 Knoten durchs Wasser – ausreichend für das »Blaue Band« im Jahr 1890. Fast 1.500 Passagiere in drei Klassen kann das schnittige, knapp 10.000 Tonnen große Schiff aufnehmen – Kessler reist selbstverständlich erster Klasse. Doch auch diesmal interessiert ihn seine Lektüre mehr als die Gesellschaft an Bord oder die Natur draußen – und er notiert lieber seine Gedanken zur Augustinus-Lektüre. Zeit hat Kessler reichlich, denn die Überfahrt dauert gut sieben Tage, bis der Liner bei Nebel und nasskaltem Wetter verspätet abends in Liverpool anlegt. Kessler zieht es

noch am gleichen Abend weiter nach London – hin zu Theateraufführ-
rungen und Kunstausstellungen, ohne die der bildungshungrige Dandy
nicht auf Dauer leben kann.

Kessler wird in den folgenden Jahren noch häufiger längere Bil-
dungsreisen unternehmen, so nach Griechenland und Italien. Die letzte
große Reise seines Lebens tritt er hingegen nicht freiwillig an: Von den
Nazis verfolgt, flieht Kessler aus Deutschland. Asyl findet er zeitweilig auf Mallorca, schließlich in Frankreich, wo er 1937 entkräftet und
praktisch mittellos stirbt. Doch in seinen Schriften und Tagebüchern
lebt der Schöngeist, Ästhet und Chronist einer ganzen Epoche bis heute
fort – und lässt uns teilhaben an der Kunst des stilvollen Reisens in der
Belle Époque.

# Letzte Sturmfahrt
# auf dem großen Kahn

Er war ein großer Schriftsteller aus einem kleinen Land. Er floh immer wieder aus seiner dänischen Heimat, doch auch die weite Welt wurde ihm schon bald zu eng. Einem modernen Odysseus gleich zog er von Stadt zu Stadt, von Land zu Land. Nie hielt es ihn lange an einem Ort, nie durfte er lange verweilen. Der Mann von Welt war zeitlebens ein Heimatloser, dessen Leben schließlich einsam und verlassen im amerikanischen Nirgendwo endete. Ein Getriebener und Vertriebener, der immer wieder die gesellschaftlichen Normen seiner Zeit bewusst brach. Ein Alkohol- und Morphiumabhängiger, der seine Homosexualität offen auslebte und immer wieder in Konflikt mit der Polizei geriet. Ein Dandy par excellence mit korrekter Krawatte, frischer Nelke im Knopfloch und Rouge auf den Wangen, aber häufig ohne einen Pfennig Geld in der Tasche. Und ein großer Schriftsteller der Jahrhundertwende, der des Öfteren mit Thomas Mann verglichen wurde, und dessen Werke in Deutschland bei Samuel Fischer erschienen. Seine letzte Seereise, auf der er in einen schweren Atlantiksturm geriet, hat er noch kurz vor seinem Tod in der Erzählung »Der große Kahn« verarbeitet.

Als sich Herman Bang (1857–1912) im stürmischen Januar 1912 auf dem Hapag-Dampfer MOLTKE von Cuxhaven aus zu einer Reise nach Amerika einschifft, blickt er auf die Trümmer seines bisherigen Lebens zurück. Als Schriftsteller ist er zwar allseits geachtet, doch als Bürger ist er geächtet: wegen seiner Homosexualität, seiner Drogensucht, seiner chronisch klammen Kasse. Aus Deutschland ist er ausgewiesen worden, auch in Wien kann er nicht leben, in Prag fristet er schließlich jahrelang ein erbärmliches Dasein. 1857 auf der Insel Alsen geboren, schreibt er zunächst Literatur- und Theaterkritiken, bis er um 1890 mit seinen Novellen und Romanen einen literarischen Durchbruch auch in Deutschland erzielt. Mitunter wieder in Dänemark lebend, bleibt er doch zeitlebens ein Ruheloser.

Beinahe mittellos und gesundheitlich bereits geschwächt, begibt sich Bang schließlich auf eine Reise nach Amerika – ein Land, das ihm innerlich fremd ist und das ihm nun dazu verhelfen soll, durch Lesungen und Vorträge seine Kasse wieder aufzufüllen: »Donnerstagabend sind wir da – in New York … Dann sind wir in ›der Neuen Welt‹. In dem Land, in das ich von allen am wenigsten will. Na, wir wollen uns ja nur vierzehn Tage dort aufhalten und in dieser Zeit die Niagarafälle und die Luxushotels Kaliforniens sehen. Die Zeit wird wohl schon vergehen.« So schreibt Bang noch von Bord an Betty Nansen, die Ehefrau seines Verlegers. Es soll sein letzter Brief werden – und Kalifornien soll er nie zu Gesicht bekommen. Noch im Überlandzug nach San Francisco erleidet Bang einen Schlaganfall. Einsam stirbt er in Ogden, in den Weiten Utahs, ohne das Bewusstsein wieder erlangt zu haben.

Seine Werke haben ihn überlebt, auch sein letztes, das er nur 18 Tage vor seinem Tod niedergeschrieben hat. Posthum von Freunden herausgegeben – das schmale, braune Büchlein mit dem Covermotiv eines expressionistischen Holzschnitts ist bisweilen antiquarisch erhältlich –, versank »Der große Kahn« lange Zeit in der Vergessenheit, bis er in den 1970er-Jahren gehoben wurde und seit ein paar Jahren auch wieder in einer deutschen Version und sogar als Hörbuch verfügbar ist. In »Herman Bang – eines Dichters letzte Reise« ist die Erzählung seither wieder zu lesen; zusammen mit Texten von Klaus Mann und Friedrich Sieburg, die Bang darin ein literarisches Denkmal setzen, und Bangs letzten Briefaufzeichnungen, die ein beredtes Zeugnis seiner stürmischen Seereise geben.

Bangs Transportmittel über den Ozean, die MOLTKE, ist mit gut 12.000 Bruttoregistertonnen lediglich ein mittelgroßer Liner, aber Bang kommt das elegante Schiff mit seinen zwei hohen Schornsteinen dennoch riesig vor: »Das Schiff hier ist ziemlich groß, und die Gesellschaft scheint ungeheuer langweilig zu sein … Aber ich habe mich entschlossen, drei Tage lang sechs Stunden am Tag auf und ab und auf und ab zu gehen … Das soll ja so gesund sein …« Die MOLTKE ist eine verbesserte Ausführung der BARBAROSSA-Klasse. 1902 von der Hapag in Dienst gestellt, war sie ursprünglich für den Ostasiendienst vorgesehen, wird dann aber hauptsächlich auf dem Nordatlantik eingesetzt, nur unterbrochen von gelegentlichen Kreuzfahrten. Neben Kabinen der ersten und zweiten Klasse hat sie auch Platz für bis zu 1.600 Zwischendeckspassagiere.

An Bord erweist sich der Autor einmal mehr als brillanter Beobachter der Gesellschaft. Seine Mitpassagiere qualifiziert er allesamt ab als »Dilettanten in der Kunst zu reisen« und mokiert sich über die mächtigen

Brillantringe an den Fingern der deutschen Damen ebenso wie über das üppige Blumenbukett auf den Tischen der britischen Passagiere. Über den Speisesaal der ersten Klasse schreibt er weiter: »(...) er ist voller Lackstiefel, Fächer, Langeweile und Seidensocken ...« Faszination übt für ihn hingegen das verbotene Reich der Auswanderer aus. Da die Reederei Kontakte zwischen den einzelnen Klassen nicht gern sieht, sind die Verbindungstüren und -korridore in der Regel geschlossen. Bang hält das nicht ab: Trotz stürmischen Wetters geht er von Bug bis Heck auf Erkundungstour, was sich mitunter als mühsam erweist: »Man muss, um alles zu sehen, zu viele geheime Treppen hinauf und wieder hinunter – grässliche Eisenstiegen, die noch schlimmer sind als Treppen in einem Theater ...«

Beeindruckender als die Geschehnisse an Bord wird für Bang aber der schwere und an Stärke zunehmende Atlantiksturm, durch den sich die MOLTKE für mehrere Tage kämpfen muss. »Es stand Schaum vor des Ozeans aufgerissenem Mund, und er schrie zum Entsetzen der Menschen«, schreibt Bang in der Vorbemerkung zu seiner kurzen Erzählung, und im Brief an Betty Nansen – in seiner Länge eigentlich eher ein Tagebuch der Überfahrt – notiert er an einer Stelle lakonisch: »(...) heute ist der Ozean böse.« Bang vergleicht die tosende See mit einer »Alpenlandschaft mit zerklüfteten Gipfeln«, auf denen die Schaumkronen »wie die Gletscher« liegen. Das Schiff (»dieses Zittern sollten Sie spüren«) bebt dabei »wie das Rennpferd unter dem Reiter«.

Auch im Sturm diniert Bang anfangs noch wie zum Trotz in Abendanzug und weißer Weste (»das schmeckt den Haien besser«), und über eine Dame in weißem Hermelin, die beständig das Kreuz schlägt, bemerkt er: »Auch sie hätte den Haien geschmeckt, sie sieht wirklich gut aus.« Im

Passagierbereich lichten sich derweil die Reihen – zu einem abendlichen Konzert erscheint außer Bang nur eine einzelne Dame aus Paris. Zwar bleibt der Kapitän die ganze Zeit über demonstrativ gelassen, doch unter den Passagieren kommt Todesangst auf. Es ist ein wahrer Sturm der Gefühle, den Bang in seiner Erzählung »Der große Kahn« kongenial einfängt. Dort hockt am Ende der anfangs so schneidige Herr von Tschirnitz verloren und elend neben Bangs literarischem Alter Ego auf dem Sofa von dessen Kabine, »vor dem großen Spiegel – vor unseren eigenen zitternden Bildern«. Zeitweilig werden die Passagiere tatsächlich in die Kabinen beordert, da der Aufenthalt auf den Decks und selbst in den Gesellschaftsräumen als zu gefährlich erscheint. Geschirr und Glas gehen zu Bruch, die Kellner und Stewards können sich kaum auf den Beinen halten, und Bang muss in der Kabine seinen Brief mit Bleistift weiterschreiben, als ihm das Tintenfass wegfliegt.

Tage später hat sich das Meer wieder beruhigt, und die MOLTKE läuft wie geplant in New York ein. Bang, von dem Erlebten noch immer sichtlich erschüttert, schreibt in der Vorrede zu seiner Erzählung: »Ehe ich diese Tage erlebte, hatte ich nie einen Sturm gesehen, und ehe ich dieses Meer sah, habe ich nie das Meer gesehen. (…) was Größe war, wusste ich nicht. Auch nicht, was Schrecken war. Doch nun weiß ich es, und die eine Nacht lehrte mich dies.« Es klingt wie ein Vermächtnis.

# Nordlandreise mit Lohengrin

Der kleine Buchhalter war ein großer Schriftsteller. Er liebte die See – und saß doch lange Jahre eingepfercht in einem stickigen Hamburger Kontor. Seine Geschichten und Bücher wurden zu Bestsellern und gehörten bis zum Zweiten Weltkrieg zur Pflichtlektüre jedes deutschen Jungen – doch er selbst hatte davon zeitlebens nicht viel. Nur ein einziges Mal in seinem kurzen Leben war Johann Kinau eine große Reise zur See vergönnt. Sein Seemannstod in der Skagerrakschlacht keine drei Jahre später verhinderte, dass aus seiner Nordlandfahrt im Frühsommer 1913 der geplante große Roman wurde. So bleibt er vor allem als Autor des Buches »Seefahrt ist not« in Erinnerung – der Schriftsteller Gorch Fock.

Johann Wilhelm Kinau wird am 22. August 1880 auf der Elbinsel Finkenwerder (damals noch »Finkenwärder«) geboren. Das älteste von sechs Kindern des Hochseefischers Heinrich Wilhelm Kinau ist freilich alles andere als hochseetauglich, sondern eher von schwacher Konstitution. So tritt er nicht in die Fußstapfen seines Vaters, sondern beginnt mit 15 Jahren eine kaufmännische Lehre und besucht die Handelsschule in Bremerhaven. Statt zur See geht es anschließend ins Binnenland, als Buchhalter und Kontorist unter anderem nach Meiningen, Bremen und Halle an der Saale. Doch bald zieht es den jungen Mann wieder in die Nähe des heimatlichen Finkenwerder: Ab 1904 arbeitet Kinau in Hamburg, seit 1907 als Buchhalter bei der Hamburg-Amerika-Linie (Hapag), damals der größten Reederei der Welt.

Schon 1904 hat Kinau begonnen, in Zeitungen eigene Gedichte und Erzählungen zu veröffentlichen, gleich unter mehreren Pseudonymen. Das bekannteste davon ist Gorch Fock, wobei der Vorname von »Georg« abgeleitet ist, der Nachname von den großelterlichen Vorfahren. 1913 veröffentlicht er sein bekanntestes Buch, den Roman »Seefahrt ist not«, in dem er das Leben der Hochseefischer von Finkenwerder in heroisierender Weise beschreibt.

Das Buch trifft genau den Nerv der Zeit und verkauft sich blendend. Schließlich liegt Deutschlands Zukunft auf dem Wasser, so betont es zumindest Kaiser Wilhelm II. bei jeder sich bietenden Gelegenheit. Das ganze Volk lässt sich von der Marinebegeisterung davontragen, praktisch jeder Junge im Kaiserreich trägt einen Matrosenanzug. Die gigantische Flottenrüstung erreicht gerade einen neuen Höhepunkt, Deutschlands Dampfer sind auf allen Weltmeeren unterwegs, die Hapag und der Norddeutsche Lloyd die führenden Reedereien im Nordatlantikgeschäft. Kinau alias Gorch Fock ist auf einmal eine bekannte und gefragte Persönlichkeit, ja geradezu ein vaterländisches Aushängeschild: Er bekommt zahlreiche Einladungen, muss am laufenden Band Vorträge halten und wird nach einer Rede anlässlich des

Kaisergeburtstags sogar dem allmächtigen Hapag-Generaldirektor Albert
Ballin vorgestellt.

Seitens der Hapag-Führung wird Kinaus zunehmende literarische
Bekanntheit wohlwollend betrachtet, nicht aber von seinem direkten Vor-
gesetzten Adolf Storm. Der ist der Ansicht, dass sein Mitarbeiter offenbar
zu viel freie Zeit habe, und lässt seinen Angestellten häufig bis in die späten
Abendstunden »nacharbeiten«. Doch schließlich muss auch Storm einlenken
und unterbreitet Kinau einen Vorschlag, der auf den ersten Blick großzügig
aussieht: eine Reise mit einem Hapag-Dampfer nach Norwegen. Das ist für
damalige Zeiten eine große Auszeichnung für einen kleinen Angestellten.
Erst recht, da Nordlandreisen durch die jährlichen Fahrten des Kaisers auf
der Staatsyacht HOHENZOLLERN in Mode gekommen sind. Doch Kinau ist
zunächst trotzdem enttäuscht: Statt ins schroffe Nordland zieht es ihn vielmehr in die Südsee wie schon so viele andere Künstler vor ihm. Auch reist
er zwar erster Klasse – eine andere führt das Schiff gar nicht –, kommt sich
aber gerade deswegen in der Schiffsgesellschaft deplatziert vor. Weiterer
Wermutstropfen: Seine Ehefrau Rosa und seine Kinder dürfen Kinau nicht
begleiten. Denn die Großzügigkeit des Arbeitgebers hat Grenzen: Kinau
erhält lediglich ein Einzelticket, obwohl das Schiff nur halb ausgebucht ist
und er allein eine Doppelkabine beziehen kann.

Dennoch: Voller großer Erwartungen schifft er sich am 1. Juni 1913 in
Hamburg gleich für die erste Kreuzfahrt der Saison ein. Seine Heimat für
die nächsten zwei Wochen soll die 3.613 Bruttoregistertonnen große und
gut 100 Meter lange METEOR werden. Sie ist die zweite von Albert Ballins
»Vergnügungyachten«, die speziell für das gerade beginnende und äußerst
lukrative Kreuzfahrtgeschäft entwickelt wurden. Die METEOR läuft 1904 bei

Blohm & Voss in Hamburg vom Stapel. Der Zweischraubendampfer bietet First-Class-Komfort für 283 Passagiere, auch wenn er nicht ganz so luxuriös ausgestattet ist wie die vier Jahre zuvor in Dienst gestellte und stets einen Hauch exklusivere PRINZESSIN VICTORIA LUISE (4.419 BRT, 124 Meter, 192 Passagiere). Mit ihrem weißen Rumpf, dem schnittigen Klipperbug und der eleganten Linienführung erweckt sie den Eindruck einer exklusiven Privatyacht – Kinau erscheint sie wie ein märchenhafter »weißer Schwan«.

Kurz nach 9 Uhr morgens macht die METEOR die Leinen los. Elbabwärts geht die Fahrt, und Kinau nutzt die Zeit, die Boote der Schollenfischer zu beobachten, die im Strom vorbeiziehen. In Finkenwerder steht die halbe Familie am Ufer und winkt, als der schneeweiße Vergnügungsdampfer vorbeifährt. Gegen 13 Uhr passiert man auf der Höhe von Cuxhaven den von Schleppern gezogenen brandneuen IMPERATOR – damals mit mehr als 52.000 BRT das größte Schiff der Welt und ebenfalls eine Schöpfung des umtriebigen Hapag-Chefs Albert Ballin. Anschließend folgt das erste Mittagessen an Bord – zu dem man, wie Kinau erleichtert bemerkt, noch nicht im Smoking erscheinen muss.

Erst zum Dinner, Helgoland liegt bereits hinter ihnen, ist der Abendanzug Pflicht. Kinau fühlt sich unwohl, kommt sich verkleidet vor – ein Gefühl, wie es womöglich auch Generationen von Kreuzfahrtpassagieren nach ihm empfinden. Der Fischersohn aus Finkenwerder findet trotz seiner zunehmenden literarischen Berühmtheit keinen rechten Anschluss an die gut situierte Ausflugsgesellschaft, die sich im Speisesaal eingefunden hat. »Was sollen mir Menü und Wein? See und Wasser muss ich, will ich haben«, vertraut er seinem Tagebuch an. Viel lieber als im Salon ist er an Deck, wo er sich ebenfalls von seinen Mitreisenden in den Liegestühlen absondert. Doch trotz oder gerade wegen dieser selbst gewählten Einsamkeit inmitten der Menge ist Kinau ein genauer Beobachter – nicht nur sein Tagebuch zeugt davon. Seine Erlebnisse verarbeitet er auch später in der Erzählung »Hornsriff«. Sie erlaubt nicht nur Einblicke in die Gefühlswelt Kinaus, der sich als Fremder an Bord fühlt, sondern beschreibt auch sehr genau, wie das Bordleben auf einer exklusiven Nordlandfahrt abläuft:

»Mit der gleichgültigen Miene eines Weltenbummlers (…) betrat ich nach dem zweiten Trompetensignal den Speisesaal und schritt über den weichen Teppich auf meinen Tisch zu. Der erste Tischsteward hatte meinen Stuhl schon gedreht, ich ließ mich gleichmütig nieder, indem ich meine Nachbarschaft freundlich und wohlerzogen begrüßte, breitete die Serviette nach Tanzstundenvorschrift über die Knie, schrieb eine halbe Oppenheimer auf, ließ die Blicke über die Speisekarte wandern und hielt das Glas gegen das Licht, als ob ich wirklich etwas von Wein verstünde. Ich ließ mich von meiner Nachbarin in ein Gespräch über Nietzsche hineinziehen und blickte dabei über den glänzenden Speisesaal, der mit seinen weißen Wänden, dem schimmernden Silber, dem rotverhängten Lampenlicht, den farbenfrohen natürlichen und künstlichen Blumen, den lachenden australischen Äpfeln, den dunkelroten spanischen Orangen, dem funkelnden Wein und dem perlenden Sekt wirklich vergessen ließ, dass wir dreißig Faden Wasser unter uns hatten und auf der grauen Nordsee schwammen. (…) Tafelmusik fehlt uns natürlich auch nicht. Lohengrin spielen sie. Leise hebt und senkt sich unser Schiff, wiegt und schwingt uns wie in Schlaf und Traum.«

An Schlaf freilich ist nicht immer zu denken: Schon in der ersten Nacht zieht es Kinau, der in der ungewohnten Koje nur wenig Schlummer findet, gegen halb 4 Uhr morgens auf das regennasse Deck. Auch später wird Kinau nicht immer den ersehnten Schlaf finden – mehrfach leidet er an Seekrankheit, muss gelegentlich die Menüs im Speisesaal ausfallen lassen. Anspruch und Wirklichkeit: Der kränkliche Schriftsteller, der den heroischen Kampf gegen die Elemente beschreibt, der literarisches Vorbild einer ganzen Generation werden wird, hat einen nervösen Magen und liegt bei rauem Wetter seekrank in seiner Kabine.

Und er hadert mit seinem Schicksal: »Es ist Betrug! Du betrügst die See! Dir gehörten hier nicht Smoking noch weiße Weste noch Lackschuhe: Das ist Betrug: Dir gehören hier Ölrock und Isländer und Seestiefel! Irre dich nicht; nicht diese weiße Vergnügungsyacht, deinen Schwan, wie du ihn nennst, dürftest du unter den Füßen haben, sondern du musst auf einem kleinen, armseligen Fischerfahrzeug stehen! (…) Weißt du, wo dein Platz ist? Unter dem Besansegel am Ruder, hinter dem Kompass!«

Dennoch: Trotz dieser äußeren Umstände ist die Fahrt äußerst befruchtend für den Autor, der seine Erlebnisse in einem Romanprojekt verarbeiten will. Doch Gorch Focks große literarische Pläne erleiden angesichts der politischen Wirklichkeit von 1914 schnell Schiffbruch. Bereits 1915 wird Kinau als Landsturmmann eingezogen. Er kämpft in Serbien und an der Westfront, bevor er schließlich um Versetzung in die Kaiserliche Marine bittet. Sein Gesuch gelangt bis zu Großadmiral von Tirpitz, und im März 1916 kann er seinen Dienst antreten – als Matrose auf dem Kleinen Kreuzer WIESBADEN. Ein schicksalhafter Schritt: Nur zwei Monate später, in der Nacht zum 1. Juni, wird die WIESBADEN in der Skagerrakschlacht, der größten Seeschlacht der modernen Geschichte, von der Royal Navy versenkt. Fast die gesamte Besatzung kommt ums Leben, darunter auch Signalgast Kinau, dessen Leiche später in Schweden an Land gespült und dort beerdigt wird. Der Dichter ist tot – doch der Mythos Gorch Fock hat da gerade erst seinen Anfang genommen.

# Der rasende Reporter
# im Kesselraum

Seine Artikel machten ihn weltberühmt. Seine Reportagen, aber auch sein politisches Engagement führten rund um den Globus – quer durch Europa, in die Sowjetunion, die USA, nach China und Australien und nicht zuletzt auf die Weltmeere. Er war der »rasende Reporter« – stets messerscharfer Beobachter, glänzender Stilist und Vorbild für viele Journalistengenerationen: Egon Erwin Kisch (1885–1948).

Es sind zumeist nicht die Reichen und Schönen ihrer Zeit, mit denen Kisch sich befasst. Viel interessanter erscheinen ihm die Schwachen und die Außenseiter der Gesellschaft, sozusagen die Leute »ganz unten«: die Obdachlosen eines Londoner Nachtasyls, Tagelöhner beim Hopfenpflücken in Böhmen oder slowakische Auswanderer auf dem Weg zu den französischen Atlantikhäfen. Und eben auch »die Heizer des Riesendampfers«. Über sie und ihre fast unmenschlichen Arbeitsbedingungen verfasst Kisch kurz vor Ausbruch des Ersten Weltkriegs einen packenden Bericht von Bord des seinerzeit weltgrößten Oceanliners. Und zwar im wahrsten Sinne des Wortes einen Bericht von »ganz unten« im Schiffsbauch – weit unterhalb der Wasserlinie, ohne Tageslicht, verdüstert vom Kohlenstaub, in einer brütend heißen Maschinenhölle zwischen glühenden Kesseln und lodernden Feuerlöchern.

Als Höllenfahrt beschreibt der Autor dann auch bereits den Beginn der Reise von den Decks der ersten Klasse hinab: »Wir fallen in die Unterwelt, den regulierten Fall des Fahrstuhls. Hasserfüllt und fürchterlich hören wir es aus der Tiefe dringen, in die wir sinken, immer unheimlicher und unerträglicher wird die Glut. Die zehnte Station ist die Endstation des Lifts, aber wir sind noch lange nicht unten, erst im Vorraum sind wir der Teufelsküche.«

Was Kisch hier so minutiös beschreibt, ist die Kehrseite des First-Class-Luxus auf dem Nordatlantik. Denn die VATERLAND – der zweite von drei Riesendampfern des Hapag-Chefs Albert Ballin (1857–1918) – ist der ganze Stolz des Kaiserreichs und verkörperte seinerzeit das Nonplusultra des Luxus auf den Weltmeeren. Nicht so sehr die reine Geschwindigkeit ist es, auf die der clevere und geschäftstüchtige Reedereidirektor setzt – unter Ballins Leitung sollte die Hapag zur weltweit größten Linie aufsteigen –, sondern vielmehr ein bisher unbekannter Komfort an Bord. Sollen ruhig andere dem »Blauen Band« für die schnellste Atlantiküberquerung nachjagen! Das hat auch die Hapag schon errungen – mit dem Vierschornsteindampfer DEUTSCHLAND im Jahr 1900. Freilich zu einem hohen Preis: Der Kohleverbrauch ist immens, und bei Volldampf vibriert das Schiff so stark, dass es Beschwerden von Passagieren hagelt. Ballin zieht sprichwörtlich die Notbremse und lässt den Atlantikrenner zum

bequemen, wenn auch nun deutlich langsameren Kreuzfahrtschiff VICTORIA LUISE umbauen. Auch bei allen anderen Dampfern setzt die Reederei nun voll auf Eleganz und Luxus.

So soll ab 1913 nach dem Willen Ballins auch ein unvergleichliches Schiffstrio Maßstäbe auf dem Nordatlantik setzen: Ohne Ambitionen auf Schnelligkeitsrekorde (wozu die 23 Knoten Dienstgeschwindigkeit auch gar nicht ausgereicht hätten), dafür aber mit Luxus wie an Land: etwa einem Ritz-Carlton-Restaurant an Bord, das den Erste-Klasse-Passagieren – natürlich gegen Extrabezahlung – eine Sterne-Küche wie in den gleichnamigen Hotels bietet. Dieses Erfolgsrezept hat Ballin schon zuvor auf der kleineren AMERIKA getestet und dazu eigens den weltberühmten Meisterkoch Auguste Escoffier engagiert. Eine ganze Flucht von Gesellschaftsräumen, von dem bekannten Schiffsarchitekten Charles Mewès meisterhaft inszeniert, nimmt die oberen Decks von der Brücke bis zum hinteren Schornstein ein. Dank der bei der VATERLAND erstmals an die Seiten verlegten Schornsteinschächte genießen die Passagiere perspektivische Durchblicke: vom Ritz-Carlton-Restaurant in den Wintergarten und über den Hauptvorplatz weiter zum Festsaal, der allein 23 Meter lang und 17 Meter breit und von einer gläsernen Kuppel gekrönt ist. Nicht weniger luxuriös sind die Kabinen und Suiten der ersten Klasse ausgestattet. Sie verfügen sogar über echte Marmorbäder.

Kein Wunder, dass der gewiefte PR-Künstler Ballin die Kunde von diesem Luxus natürlich auch in die Öffentlichkeit zu tragen weiß: So lädt er im Frühjahr 1913 zur Jungfernfahrt des IMPERATOR (dem ersten Schiff des Trios, auf Wunsch des Kaisers mit männlichem Artikel) führende Journalisten seiner Zeit ein. Natürlich nicht in die Kesselräume, sondern in die Salons der ersten Klasse. Dementsprechend ist das Echo: Alfred Kerr beispielsweise schreibt vom »Gefühl frohlockender Bewunderung« und resümiert überschwänglich: »Ich bewundere dies entwickeltste Schiff der Erde, weil es nicht allein das Notwendige, sondern das Überschüssige gibt.«

Um diesen »überschüssigen« Komfort auf der langen und rauen Nordatlantikstrecke zu ermöglichen, sind natürlich riesige Schiffe nötig. Mit fast 300 Meter Länge und über 50.000 Bruttoregistertonnen sind Ballins Dampfer deutlich größer als die eben erst untergegangene TITANIC, die zuvor den Superlativ im Schiffbau markiert hatte. Dem IMPERATOR (so genannt nach Kaiser Wilhelm II., dessen Freundschaft sich Ballin erfreut, und der er den Spitznamen »Reeder des Kaisers« verdankt) folgt nur ein Jahr später die bei Blohm & Voss in Hamburg gebaute VATERLAND. Mit 54.282 Bruttoregistertonnen ist sie geringfügig größer als ihre Schwester und damit das größte jemals unter deutscher Flagge laufende Passagierschiff (das dritte Schiff, die BISMARCK, wird wegen des Kriegsausbruchs zunächst nicht fertiggestellt). Voll beladen kann sie mehr als 5.000 Personen transportieren – neben der Besatzung von 1.234 Mann insgesamt 3.897 Passagiere, davon 980 in der ersten, 535 in der zweiten, 850 in der dritten und 1.532 in der vierten Klasse (dem früheren Zwischendeck). Auch die unteren Klassen – die der Reederei in Summe das meiste Geld bringen – profitieren übrigens zumindest ein wenig von dem Luxus an Bord: Ihre Unterkünfte gelten als vergleichsweise komfortabel – dank der erfolgreichen Geschäftspraxis Ballins, mit bequemer Unterbringung die Auswanderer für seine Linie zu gewinnen. Ja, er baut für die Auswanderer sogar ein eigenes Quartier in Hamburg, in dem sie die Zeit vor der Abfahrt verbringen können – die mittlerweile als Museum wiedererstandene »Ballinstadt« auf der Elbinsel Veddel.

Weniger bequem haben es hingegen die Heizer bei ihrer Schicht. Oftmals als »Schwarze Truppe« (»black squad«) verschrien, sind sie eine hart arbeitende, verschworene Gemeinschaft. In der Gluthitze der riesigen Kessel halten sie das Feuer in Gang – im Takt der elektrischen Klingeln, die je nach Fahrtgeschwindigkeit die Intervalle des Nachheizens vorgeben. Ganz unten in der Hierarchie der Männer stehen die Kohlentrimmer, welche die staubige Steinkohle von den Bunkern zu den Kesseln befördern müssen. In Körben und Säcken, denn für einen mechanischen Transport, etwa per Förderband, ist in den engen Katakomben des Schiffsbauchs kein Platz. Ein Knochenjob, den keiner der Männer auf Dauer aushalten kann. Gewalt und Schlägereien sind an der Tagesordnung – selbst die Offiziere wagen hier meist nicht einzugreifen. Von den Passagieren bleiben die vom Kohlenstaub stets schmutzigen und vom Gebrüll der Belüftung halb tauben Arbeiter stets streng getrennt.

Aber hören wir, wie Kisch – ganz anders als seine Journalistenkollegen – den Arbeitsalltag in der Parallelwelt weit unten im Schiffsbauch beschreibt: »Schon im Hafen wurden die unermesslich großen Bunker außenbords gefüllt, ein ganzes Bergwerk versenkte sich donnernd hierher, achttausenddreihundertvierundsechzig Tonnen und noch eine Notreserve von vierhundertdreiundneunzig Tonnen – zwanzig Stunden brauchten die Kohlenelevatoren dazu. Dann begann für zweihundert Heizer und für zweihundert Trimmer das Kesseltreiben, die Arbeit, ihre eigene Werkstätte in eine Höllenlandschaft zu verwandeln.«

Seinen Höllenritt in den Kesselraum datiert Kisch auf den 2. Juni 1914, anlässlich einer der ersten Atlantiküberquerungen der VATERLAND. Kisch, der Kommunist und spätere erste Kommandeur der »Roten Garden«

von Wien, beschreibt die Männer an den Kesseln mit unverhohlener Sympathie als moderne Helden der Arbeitswelt: »Die Gestalten am Ofen sind schwarz, schwarz wie alles ringsumher. Nur wenn sich das eiserne Gebiss des Kessels klaffend zu neuer Mahlzeit öffnet, wenn der Heizer mit der vier Meter langen Durchstoßbrücke das Feuer glatt über den Rost streicht oder wenn er mit der Schleuse alle vier Stunden die Schlacke aufbricht und Asche forträumt, dann fällt rotes Licht auf seine Stirn. Sein Oberkörper ist waagrecht vorgeneigt, sein Unterkörper ist zum Sprung nach hinten bereit. So zurückweichend vorwärtsstrebend kämpfen Gladiatoren.«

46 Kessel hat die VATERLAND insgesamt – ausreichend für 90.000 PS auf vier Schrauben, die den Liner mit maximal gut 25 Knoten durch die Wellen des Nordatlantiks schieben. Den Dienst an den Kesseln beschreibt Kisch so: »Ewig jedoch steht der Heizer an der Feuerung und schiebt dem nimmersatten Raubtier neues und neues Futter zu. Nach je vier Stunden dürfen die Feuermänner aus der Arena treten, von der anderen Schicht abgelöst. Vier Stunden später geht es wieder los. Wie beim Sechstagerennen. Auch die Überfahrt dauert sechs Tage.«

Das Rennen über den Atlantik sollte für die VATERLAND freilich nicht lange dauern: Denn schon wenige Wochen nach ihrer Indienststellung beginnt der Erste Weltkrieg. Drei Jahre lang liegt Ballins Prestigedampfer interniert im Hafen von New York, dann wird er nach dem Kriegseintritt der USA von der amerikanischen Regierung beschlagnahmt. Als grau gestrichener Truppentransporter USS LEVIATHAN bringt der einstige Stolz des Kaiserreichs nun amerikanische Truppen nach Europa – um gegen Deutschland zu kämpfen. Statt deutscher Arbeiter stehen nun Matrosen der U.S. Navy an den riesigen Kesseln.

Erst als die meisten Schiffe in den 1920er-Jahren auf Ölfeuerung umgestellt werden, hört die Plackerei der Heizer und Trimmer auf. Plötzlich kommen die Schiffe mit viel weniger Maschinenpersonal aus, was die Kosten für die Reedereien senkt. Trotz dieser Ersparnis fahren sie allerdings Ende der 1920er-Jahre mit Volldampf in die Weltwirtschaftskrise. Dass die USA schon zu Anfang des Jahrzehnts ihre Einwanderungspolitik drastisch verschärft hat, tut ein Übriges, um den Verkehr auf dem Nordatlantik noch unrentabler zu machen. Da es plötzlich praktisch keine Auswanderer aus Europa mehr gibt, hat die vierte Klasse ihre Existenzberechtigung verloren. Und aus der dritten wird die Touristenklasse – mit jetzt deutlich mehr Komfort.

Das alles kann Kisch freilich noch nicht voraussehen, als er seine Reportage verfasst – die freilich erst Mitte der 1920er-Jahre zusammen mit weiteren Geschichten in Buchform (»Der Rasende Reporter«) erscheint. Kisch erlebt in der Folgezeit noch so manches maritime Abenteuer: So ist er im Frühjahr 1918 als Kriegsberichterstatter beim letzten Auslaufen der österreichischen Adriaflotte dabei und ist Augenzeuge, wie das modernste Linienschiff der Donaumonarchie – die SZENT ISTVAN – von einem italienischen Torpedoboot angegriffen und versenkt wird. Auch dieses Ereignis wird er später packend beschreiben. Kisch schreibt in den kommenden Jahren noch viele Reportagen, bereist die Sowjetunion und (illegal) Australien und die USA. Er kämpft im Spanischen Bürgerkrieg gegen Franco und muss ins Exil nach Mexiko, bis er nach dem Ende des Zweiten Weltkriegs nach Europa zurückkehren kann. 1948 stirbt er in seiner Heimatstadt Prag.

Die ehemalige VATERLAND gibt es da schon zehn Jahre nicht mehr. Von Ballins Schiffstrio hat sie es nach dem Ersten Weltkrieg am schlechtesten getroffen: Während der einstige IMPERATOR als Reparationsleistung für die versenkte LUSITANIA an die Cunard Line geht und in den Folgejahren als BERENGARIA zum erneuten Publikumsliebling wird, kommt die nachträglich fertiggestellte BISMARCK als MAJESTIC zu White Star. Die VATERLAND bleibt hingegen in amerikanischen Händen und wird nach ihrer Karriere als Truppentransporter zur LEVIATHAN der United States Line. Auch wenn diese mit dem Superlativ »größtes Schiff der Welt« wirbt (und dazu die Tonnage nach oben korrigiert), kommt sie nie richtig in die schwarzen Zahlen. Zum einen fehlt ihr für den Fahrplandienst ein ähnlich großes und luxuriöses Gegenstück, wie es Cunard und White Star besitzen. Zum anderen ist die LEVIATHAN während der Prohibition ein »trockenes« Schiff – und das wollen die zahlenden (und durstigen) Passagiere nicht hinnehmen. Anfang der 1930er-Jahre wird sie schließlich aus dem Liniendienst genommen und aufgelegt, bevor sie wenige Jahre später ihr Ende unter den Schneidbrennern einer schottischen Abwrackwerft findet. Doch trotz dieser wenig ruhmreichen Karriere: Kisch hat ihr und ihrer Besatzung mit seiner Reportage ein literarisches Denkmal gesetzt.

# Meerfahrt mit Katia

Er war ein Kind der Küste. Ein Kaufmannssohn, geboren in einer uralten Hansestadt. Viele Reisen durch Europa hatte der Schriftsteller, der es zu Weltruhm, gar zum Nobelpreis brachte, schon unternommen. Nur über den Atlantik war er noch nicht gefahren – die weite Seereise unternahm er erst mit fast 60 Jahren, als er in seinem Vaterland aus politischen Gründen nicht mehr willkommen war. Und er verfasste als unermüdlicher Schreiber, der seine persönlichen Erlebnisse als Steinbruch für seine Werke benutzte, auch postwendend ein Buch darüber: die »Meerfahrt mit Don Quijote«.

Noch insgesamt 14 weitere Schiffspassagen (sowie einige Flugreisen) wird der 1875 in Lübeck geborene Thomas Mann zusammen mit seiner Frau Katia in den folgenden Jahren über den Atlantik machen – stets First Class und zumeist auf den internationalen Luxuslinern der damaligen Zeit: BERENGARIA, QUEEN MARY, QUEEN ELIZABETH, ÎLE DE FRANCE, NORMANDIE, um nur einige zu nennen. Das Ehepaar Mann reist mit britischen, französischen, niederländischen und amerikanischen Linien – doch nie mit

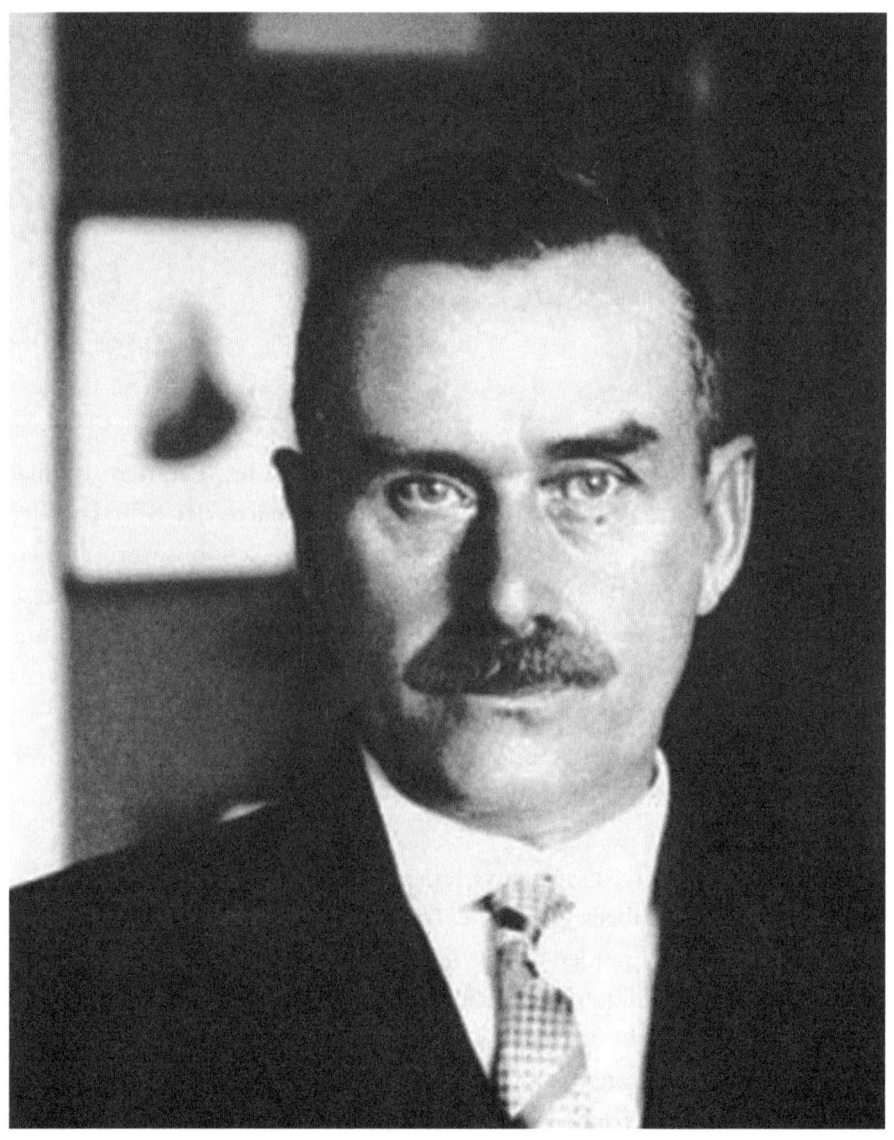

einem deutschen Schiff. Zu schwer wiegt die Erniedrigung der Verfemung und Ausbürgerung durch die Nazis, der teilweise Einzug des Besitzes, das erzwungene Exil in der neutralen Schweiz.

Das Schiff, das das Ehepaar Mann für seine erste große Reise in Richtung Amerika wählt, ist freilich noch keiner der ganz berühmten Oceanliner: Es handelt sich um den Turbinendampfer VOLENDAM der Holland-Amerika Lijn. Er wurde bereits 1922 gebaut, hat ein klassisches, schon etwas antiquiertes Design mit kastenförmigen Aufbauten und zwei hohen, schlanken Schornsteinen und ist mit gut 15.000 Bruttoregistertonnen nur mittelgroß. Aber mit einer bequem ausgestatteten ersten Klasse bietet die VOLENDAM auch dem Nobelpreisträger genügend Komfort für die vergleichsweise lange zehntägige Überfahrt. Und hinterlässt bei dem verwöhnten Schriftsteller aufgrund der neuen Erfahrung einer solch langen Seereise offensichtlich einen starken Eindruck. Ja, Mann weiß bei der Einschiffung in Boulogne-sur-Mer am 19. Mai 1934 der gemächlichen Überfahrt sogar Positives abzugewinnen: »Schneller tut es der behäbige Holländer nicht, dessen Planken wir vor Kurzem beschritten haben. Warum sollte er auch? Das Zeitmaß, mit dem seine sympathische Mittelgröße es hält, ist ohne Frage natürlicher und gesünder als die schütternde Rekordsucht jeder Kolosse, die in sechs oder gar vier Tagen die ungeheuren Weiten durchrasen, die vor uns liegen. Langsam, langsam.« Ob Thomas Mann da schon ahnt, dass er wenig später mit ebenjenen Kolossen aus Stahl, den Blaue-Band-Gewinnerinnen NORMANDIE im Jahr 1937 und QUEEN MARY im Jahr 1938, den Atlantik überqueren wird?

Vorerst jedenfalls genießt das Ehepaar Mann, das Teile seines Vermögens ins Exil retten konnte, die Annehmlichkeiten der fast leeren VOLENDAM.

Gerade einmal 20 Passagiere zählt die erste Klasse auf dieser Überfahrt – 263 könnten es maximal sein, insgesamt fasst das Schiff sogar fast 1.200 Fahrgäste. Thomas Mann gewinnt diesem Umstand – ganz im Gegensatz zu dem über die entgangenen Trinkgelder enttäuschten Steward – nach anfänglicher Verblüffung jedoch positive Seiten ab: »Fast allein wird es uns gehören, es wird ein Leben sein wie auf einer Privatyacht.« So hat der berühmte Nobelpreisträger und Autor bedeutender Werke wie »Buddenbrooks«, »Tod in Venedig« und »Zauberberg«, der an Bord praktisch bar gesellschaftlicher Verpflichtungen ist, genügend Muße, sich lesend und reflektierend einem anderen Klassiker der Weltliteratur zu widmen – ebenjenem Don Quijote, dem Mann später bereits im Titel seines Reiseberichts Referenz erweist. Und von dem er schon eingangs ganz in der Pose eines weltgewandten Grandseigneurs behauptet: »›Don Quijote‹ ist ein Weltbuch – für eine Weltreise ist das gerade das Rechte.«

Einen Prominentenbonus genießt das Ehepaar Mann offenbar nicht, trotz der guten Platzierung im Speisesaal: »Wir sitzen am runden Mitteltisch zusammen mit zwei Offizieren: dem Doktor, jung und sympathisch, amerikanischer Nationalität, und dem Zahlmeister, einem Holländer von klassischem Phlegma und solchem Appetit, dass er stets doppelte Portionen erhält. Hinzu kommt ein gutmütiger kleiner Businessman aus Philadelphia, der gern Champagner trinkt (…) und ein älteres, mit bürgerlicher Sorgfalt gekleidetes und viel aus purer Freundlichkeit lachendes Fräulein, die Verwandte in Holland besucht hat und sich auf der Heimreise befindet. (…) Ein Tisch mit jungen Holländern ist noch da, die offenbar eine Vergnügungsreise machen und häufige Lachsalven hören lassen, und ein fünfter noch, an dem der Kapitän in Gesellschaft eines distinguierten amerikanischen Ehepaares von vorgerückten Jahren seine Mahlzeiten nimmt.«

Doch wie so häufig gibt es nicht nur sympathische Mitpassagiere:
Während sich Katia Mann über die Unverantwortlichkeit einer Familie
mit neugeborenen Zwillingen echauffiert, die ihrer Großmutter in den
USA präsentiert werden sollen, ist Thomas Mann irritiert über einen amerikanischen Mitpassagier, der ein merkwürdiges Verhalten an den Tag
legt: Er speist an einem Einzeltisch, verbringt die Mahlzeiten mit einem
Buch, macht unablässig Notizen und hält sich ansonsten vor allem bei den
Emigranten in der Touristenklasse auf: »Ein beunruhigender Mensch. Er
reist erster Klasse und nimmt im Smoking an unsern Mahlzeiten teil; aber
unsern geistigen Unterhaltungen entzieht er sich auf eine kränkende Weise
und begibt sich in fremde, feindselige Sphäre. Man sollte wissen, wohin
man gehört. Man sollte zusammenhalten.« Und Thomas Mann, ganz groß-
bürgerlicher Erfolgsliterat mit dem Hang zur Pedanterie, versteigt sich
sogar zu hämischen Mutmaßungen: »Gewiss ist er ein Schriftsteller, der
in kritischem Zerwürfnis mit der Gesellschaftsordnung lebt, obwohl sein
Abendanzug korrekt ist.«

Abgesehen von diesen Irritationen genießt das Ehepaar die träge Routine der langen Überfahrt »in gleichmäßigem Vorwärtsstreben durch die
Weiten des Ozeans«, die Mann wie folgt beschreibt: »Bei dem klebrigen,
leicht faulig duftenden Bade in warmem Meerwasser am Morgen, das die
Haut mit Salz imprägniert und das ich sehr liebe, ist es angenehm zu denken, dass man im Schlaf über Nacht wieder ein gutes Stück Unabsehbarkeit
aufgerollt hat.« Der anschließende Tagesablauf gestaltet sich dann wie folgt:
Medizinballspielen an Deck mit einem Steward, dann Frühstück, das mit
einer halbe Grapefruit beginnt, die selbstverständlich schon ausgelöst ist.
Da ihm der ewige Rundgang auf dem Promenadendeck »verdummend«
vorkommt, wendet sich Mann anschließend dem Shuffleboard zu, alternativ

auch dem »Deck-Golf«, einer Art Minigolf. Auch die übrigen Aktivitäten zählt Mann minutiös auf: »Um die Teestunde und nach dem Diner sitzen wir meist im Blauen Salon, hier Social Hall genannt, bei der Musik.« Dann wieder vertieft sich Mann in die Lektüre des »Don Quijote«, dessen einzelne Episoden er minutiös interpretiert.

An einem Abend gibt es im Salon eine Kinovorführung. Mann notiert: »Man sitzt in der leise schwankenden Eleganz des Gesellschaftraumes im Smoking in seinem Fauteuil am vergoldeten Tischchen, trinkt seinen Tee, raucht seine Zigaretten und schaut wie in irgendeinem ›Capitol‹ oder ›Eldorado‹ der festen Erden den redend bewegten Schatten dort drüben zu – eine überraschende Lebenslage.«

Überraschend vielleicht für den Schriftsteller, aber dennoch Standard auf den Schiffen der damaligen Zeit: Bis weit in das 20. Jahrhundert hinein versuchen die Schiffbauer die Passagiere vergessen zu machen, dass sie sich auf dem Ozean befinden. Kein Wunder, denn zu dieser Zeit gibt es zur Schiffspassage keine Alternative. Erst in jüngerer Zeit, seit Seereisen keine Notwendigkeit, sondern reines Vergnügen sind, haben Außenkabinen mit Balkon, Panorama-Lounges oder Fitnessräume mit Seeblick die Passagier-bereiche bewusst zum Meer hin geöffnet.

Zu den Errungenschaften, die es damals wie heute auf den Passagier-schiffen gibt, gehört die tägliche Bordzeitung. In Manns Augen freilich ist diese auf seiner Reise ein »reichlich albernes Papier«, da die meisten Meldungen vorgedruckt sind und die ergänzenden, über Funk empfangenen aktuellen Nachrichten nur Triviales berichten. Statt Weltpolitik bekommt der Nobelpreisträger vor allem »Buntes« zu lesen – beispielsweise die

Geschichte von einem Whisky trinkenden Tiger in einem Zoo der USA. »Man kann froh sein, wenn man nichts Schlimmeres liest«, kommentiert Mann, der in seinem erzwungenen Exil mehr als eine schlechte Nachricht aus Deutschland erhalten hat.

Mit feierlichem Pathos beschreibt Mann schließlich die morgendliche Einfahrt nach New York, in die »getürmte Gigantenstadt«, wo ihn am Pier schon Verleger Alfred A. Knopf erwartet: »Wir haben gefrühstückt, die letzte Hand ans Gepäck gelegt und letzte Trinkgelder verteilt. Wir sind, zur Ankunft gerüstet, an Deck gegangen, um der Einfahrt beizuwohnen. Schon hebt im Dunst der Ferne eine vertraute Figur, die Freiheitsstatue, ihren Kranz empor, eine klassizistische Erscheinung, ein naives Symbol, recht fremd geworden in unserer Gegenwart ...«

Auch für Mann persönlich soll die Freiheitsstatue das ersehnte Symbol werden: Noch mehrfach ist er in den folgenden Sommern in den USA zu Gast, unternimmt Vortragsreisen und speist schließlich sogar mit dem Präsidenten. 1938 erhält er einen Lehrauftrag an der Universität Princeton, im September 1939 siedeln er und seine Familie dann endgültig von der Schweiz in die USA über, deren Staatsbürgerschaft er schließlich annimmt. Die gesamte Dauer des Zweiten Weltkriegs verbringen die Manns in Amerika, hauptsächlich im kalifornischen Pacific Palisades, wo Mann sein schriftstellerisches Werk wieder aufnimmt und beispielsweise den »Doktor Faustus« verfasst. Erst 1947, zwei Jahre nach Kriegsende, kehren die Manns zum ersten Mal wieder nach Europa zurück – an Bord von Cunards QUEEN ELIZABETH, die nach Jahren als Truppentransporter soeben erst den Liniendienst auf dem Nordatlantik aufgenommen hat und zu einem Symbol der Hoffnung und des Optimismus für das vom Krieg gezeichnete Großbritannien werden soll. Noch mehrfach pendeln die Manns in der Folgezeit zwischen der Alten und der Neuen Welt – zuletzt sogar mit dem Flugzeug –, ehe sie sich Anfang der 50er-Jahre endgültig in der Schweiz niederlassen.

Den Beginn des transatlantischen Luftverkehrs hat der betagte Schriftsteller also noch selbst erlebt – nicht jedoch den unaufhaltsamen Niedergang der Passagierschifffahrt auf dem Nordatlantik. Die VOLENDAM gibt es freilich schon drei Jahre nicht mehr, als der achtzigjährige Thomas Mann 1955 in Kilchberg bei Zürich stirbt. Im Krieg als Truppentransporter eingesetzt, ist das betagte Schiff 1947 für kurze Zeit noch einmal auf die Atlantikroute zurückgekehrt, ehe es 1952 abgewrackt wird.

# Hechtsprung nach Australien

Er fuhr mit dem Schiff um die halbe Welt – um zu erfahren, dass er nicht an Land gehen durfte. Die Öffentlichkeit empörte sich – doch die Zollbeamten blieben stur bei ihrem »Nein«. Mit einem kühnen Sprung von Bord schlug er den Behörden dennoch ein Schnippchen – und wurde in Australien über Nacht berühmt. Schließlich war Egon Erwin Kisch doch noch auf dem Fünften Kontinent angekommen – wenn auch nur dank eines riesigen Medienrummels, zahlloser juristischer Auseinandersetzungen und mit einem gebrochenen Bein.

In Europa ist Egon Erwin Kisch da bereits eine Berühmtheit: der 1885 in Prag geborene »rasende Reporter«, der Verfasser unzähliger sozialkritischer Reportagen. Stets mittendrin statt nur dabei ist er gewesen – bei den Obdachlosen eines Londoner Nachtasyls, bei den armen Hopfenpflückern in Böhmen oder bei den slowakischen Auswanderern auf dem Weg in ein besseres Leben. Auch das Leben auf See hat Kisch bereits beschrieben, zumindest dessen unromantische Seite – wenn auch romantisch verbrämt und als heroische Tat der Schwerstarbeiter unter Deck gleichsam überhöht: Sein Bericht »Bei den Heizern des Riesendampfers« ist eine packende Reportage über die unvorstellbar harten Arbeitsbedingungen in den Kesselräumen der VATERLAND, des 1914 in Dienst gestellten und damals weltgrößten Oceanliners der Hapag.

Zwei Jahrzehnte später bricht Kisch zu einer noch weiteren literarischen Schiffsreise auf – von Europa aus soll es nach Australien gehen. Kisch soll als europäischer Delegierter auf einem Anti-Kriegs-Kongress sprechen. Und zwar zur selben Zeit, als der australische Staat Victoria seine Hundertjahrfeier hat, mit großen Festivitäten und dem Staatsbesuch des Herzogs von Gloucester. Während der royale Gast per Schlachtschiff anreist, schifft sich der Reporter, der im Zeitalter des Faschismus nicht überall in Europa ein gern gesehener Gast ist, fast mittellos in Marseille zu einer gesponserten mehrwöchigen Reise ans andere Ende der Welt ein. Wenig weiß Kisch von Australien (und schleppt deshalb einen ganzen Koffer geliehener Bücher über das Land mit an Bord), und noch weniger weiß man in Australien über den merkwürdigen Ankömmling aus Europa. Ist der Mann, der 1918 Mitglied im Arbeiter- und Soldatenrat war und erster Kommandant der Roten Garden von Wien, nun ein Pazifist, Kommunist oder Antifaschist? Ein Gegner Deutschlands, ein Kritiker Englands gar? Dort ist ihm zumindest schon einmal die Einreise verweigert worden – und das soll ihm in Australien, Teil des Britischen Commonwealth, noch manche Schererei mit den Behörden einbringen.

Doch zunächst einmal genießt Kisch die Reise, über die er hinterher minutiös berichtet. Sein Buch »Landung in Australien«, das seine Abenteuer

am anderen Ende der Welt humorvoll-ironisch beschreibt, enthält zu Beginn und gewissermaßen als Amuse-Gueule auch eine präzise Darstellung des Lebens an Bord auf einer mehrwöchigen Reise durch die Tropen.

Das Schiff, das Kisch für seine mehrwöchige Fahrt besteigt, ist die RMS STRATHAIRD. Der P&O-Liner ist ein praktisch nagelneues Schiff, erst 1932 in Dienst gestellt und mit gut 22.000 Bruttoregistertonnen vermessen. Der turboelektrische Antrieb gibt ihm eine komfortable Reisegeschwindigkeit von 20 Knoten, maximal ist die STRATHAIRD mit ihren markanten drei gelben Schornsteinen (von denen zwei freilich nur elegante Attrappen sind) sogar 23 Knoten schnell. Vor der Hitze der Tropen gibt es allerdings trotz des makellosen weißen Rumpfanstrichs keinen Schutz – auch Kisch wird später aus seiner engen Vierbettkabine (die Hin- und Rückreise für 78 britische Pfund in der Touristenklasse) flüchten und des Nachts vergeblich an Deck Schlaf suchen ...

Aber hören wir, wie Kisch die Reise selbst erlebt hat – angefangen mit dem Gedränge im Gemeinschaftsbad. »Besagtes gesellschaftliches Leben und Treiben beginnt allmorgendlich mit einem Sturm auf die Rasierbecken im Waschraum und auf die Badewannen. Die Damen huschen den Weg zum Waschraum mehr oder minder rasch, je nachdem, ob es ihnen wichtiger ist, das noch ungeschminkte, ungepuderte Gesicht zu verbergen oder den grellseidenen Kimono zu zeigen (...).«

Die STRATHAIRD passiert die Meerenge zwischen Sizilien und Italiens Stiefelspitze und nimmt Kurs auf Ägypten. Kisch berichtet weiter: »1.204 Passagiere sind an Bord, darunter der Erzbischof von Bombay, der Lordbischof von Madras, viele Nonnen, die nach Indien gehen, und etliche hohe Offiziere. Es wäre respektlos zu glauben, dass die etwa Tourist Class fahren. (Die Nonnen allerdings.) Die Bemannung des Schiffs besteht aus 400 Mann. Offiziere und Matrosen sind englisch, englisch die Stewards, englisch die Pagen (…). Unsagbar ausgemergelte Inder waschen und schrubben barfüßig, ohne Pause das Deck.«

Dem Halt in Port Said, Eingangshafen zum Suezkanal, kann Kisch wenig abgewinnen: »Wechselbalg dreier Kontinente! Bettel, Kinderprostitution, Handel mit Kantharidin und anderen in Europa verbotenen Reizmitteln, Münzentaucher, Gaukler. Durch den Suezkanal fährt die STRATHAIRD aus Europa hinaus (…).«

Der tropischen Hitze hat der recht korpulente, fast 50 Jahre alte Kisch wenig entgegenzusetzen: »Beklemmend heiß ist es auf dem Promenadendeck; da unten aber, vier Stockwerke tiefer, wo die Passagiere der Tourist Class zu viert in einem Kabinenloch hausen, da unten aber ist's fürchterlich. Deshalb schleichen die Tourists die ganze Nacht, ein Kissen unter dem Arm, in höheren Regionen umher; sie versuchen bald im Liegestuhl an Deck, bald auf dem Parkett des Rauchzimmers zu schlafen, meist vergeblich. Man verträgt keine Decke, nicht einmal eine leinene. Schon der Badeanzug, den man tagsüber trägt, ist wie ein Pelzmantel (…).«

Dennoch wird in der Hitze der Nacht ein schweißtreibendes Kostümfest veranstaltet – mit Klängen von »Wolga, Wolga« des Orchesters. Und Kisch wundert sich, wie mancher Passagier sich sogar noch zur »Betätigung der Liebe« aufraffen kann: »Wollen wir uns ein wenig das Kreuz des Südens anschauen?« lautet die Formel, mit der ein Gentleman die Partnerin zum Aufsuchen diesbezüglich geeigneter Örtlichkeiten auffordert; dann führt er sie aufs Dog Deck oder in die Wäschekammer, wo es noch dunkler ist und man nicht einmal das Kreuz des Südens sieht (...).«

Gemächlich überquert das Schiff den Indischen Ozean und legt nonstop die Strecke zwischen Aden und Bombay zurück. Dort steigen zwei Drittel der Passagiere aus – »Wochenendausflügler« werden sie spöttisch von all jenen, die weiterreisen, tituliert. Wie so häufig bei einem Wechsel von Passagieren und einem Teil der Crew ändert sich fortan der Charakter der Reise – und Kisch atmet förmlich auf: »Weg sind die toilettenwechselnden Damen, weg die ›Salary Lords‹, weg die Smokings. Die Neuen, meist Australier, benehmen sich ungezwungen, sprechen noch ungezwungener, trinken Tee zu jedem Gang, sogar zur Suppe, sind gefällig und kameradschaftlich (...). Ungeniert gehen die Passagiere in Hemdsärmeln, ob sie nun Hosenträger haben oder weder Hosenträger noch Gürtel.« Kisch nutzt die Zeit, um seinen Vortrag für den Kongress auszuarbeiten – mit lediglich rudimentären Kenntnissen der englischen Sprache, wie er humorvoll beschreibt.

Höhepunkt dieses Teils der Reise ist für viele Australier die Passage der Kokosinseln (Keelinginseln), auf deren vorgelagertem Riff das Wrack der SMS EMDEN liegt. Dieser Kleine Kreuzer der Kaiserlichen Marine war im November 1914 nach einem monatelangen Kaperkrieg im Indischen Ozean (der in Deutschland zu einer romantischen Heldentat par excellence hochstilisiert worden war) vom australischen Kreuzer HMAS SYDNEY gestellt und zusammengeschossen worden. Für die Australier ein Mythos – »denn ihr Kreuzer, die SYDNEY, war es, die den Kaperfahrten des deutschen Schlachtschiffes (sic!) ein Ende bereitet hat. Hier, wo die EMDEN starb, liegt sie, 12 Grad südlicher Breite, 97 Grad östlicher Länge; man sieht ihre schrägen Masten am Rand eines kokosbestandenen Riffs (...).«

Die zahlreichen australischen Passagiere stehen an der Reling und machen begeistert Fotos, doch die STRATHAIRD zieht weiter unbeirrt ihre Bahn, dem australischen Kontinent entgegen.

Um rechtzeitig auf dem Kongress in Melbourne zu sein, soll Kisch sich in Perth im Westen Australiens ausschiffen und dann quer durch das Land die Eisenbahn nehmen – das ist allemal schneller als die Schiffspassage an der Küste entlang. Doch dazu soll es nicht kommen, denn die Behörden verweigern Kisch die Einreise. Hören wir zunächst, wie er seine Erlebnisse in der dritten Person schildert: »Im Erste-Klasse-Salon werden die Pässe der aussteigenden Passagiere kontrolliert, unser Mann geht hinüber und erhält den Bescheid, zunächst würden die britischen Staatsangehörigen abgefertigt. Da schreiten zwei stattlich gebaute strenge Männer über das Deck, schnurstracks auf unseren Mann zu. ›Are you Mister Kisch?‹ Sie führen ihn vor den Zollbeamten, der ihm im Namen des Commonwealth, der Allaustralischen Bundesregierung eröffnet: Eintritt verboten. Jeder Versuch, das Verbot zu über- beziehungsweise das Land zu betreten, würde schwere Strafen zur Folge haben. Der Pass bleibe in den Händen der Behörde (...).«

Überdies wird Kischs Gepäck sorgfältig durchsucht – obwohl er doch gar nicht an Land gehen darf. Die zwei stämmigen Polizisten passen auf, dass der verdächtige Tschechoslowake nicht etwa illegal an Land geht. Doch Kisch rächt sich auf seine Weise – mithilfe der australischen Reporterkollegen, die seinetwegen an Bord gekommen sind und denen er nun von dem Vorfall berichtet.

In der australischen Öffentlichkeit entbrennt schon bald eine Meinungsschlacht, die Kisch schlagartig bekannt macht. Und die – über mehrere

Tage und Häfen hinweg – schließlich in dem Viereinhalb-Meter-Sprung Kischs vom ablegenden Schiff in Port Phillip, dem Hafen von Melbourne, gipfelt. Zwar legt die STRATHAIRD sofort wieder an, und der verletzte Kisch (wie sich später herausstellt, hat er sich das rechte Bein doppelt gebrochen) wird wieder an Bord getragen. Doch diese spektakuläre Tat Kischs, gepaart mit einer erbitterten juristischen Auseinandersetzung, hat schließlich die gewünschte Wirkung: Letztlich darf er doch an Land – zunächst zwar ins Gefängnis und dann vor Gericht, aber immerhin: Er ist auf australischem Boden. Und er kann seine Vortrags- und Recherchereise durch den Fünften Kontinent nach vielen Hindernissen doch noch antreten.

Es ist möglicherweise die Reise seines Lebens. Zwar unternimmt er in der Folgezeit noch weitere Fahrten, kämpft im Spanischen Bürgerkrieg gegen die Faschisten und verbringt während des Zweiten Weltkriegs mehrere Jahre im mexikanischen Exil. 1946 kehrt er schließlich in seine Heimatstadt Prag zurück, wo er, vom exzessiven Alkohol- und Zigarettenkonsum gezeichnet, 1948 an einem Schlaganfall stirbt.

Die STRATHAIRD hat da noch einige Jahre vor sich. Nachdem sie im Zweiten Weltkrieg als Truppentransporter gedient hat, nimmt sie erneut ihre Karriere als Passagierliner auf (modernisiert und ihrer zwei Schornstein-Attrappen beraubt), ehe sie schließlich 1961 die letzte Reise zur Abwrackwerft in Hongkong antritt. Abgelöst wird sie von der hinreißend eleganten CANBERRA, die mittlerweile selbst schon Geschichte ist. Doch zumindest in der Literatur hat die STRATHAIRD ihr bescheidenes Denkmal erhalten – dank der »Landung in Australien« des Egon Erwin Kisch.

# Weltenbummel in 80 Tagen

Es ist wie ein Déjà-vu: Ein berühmter französischer Künstler begibt sich auf literarische Spurensuche rund um die Welt – in den Fußstapfen der Romanfigur eines nicht weniger berühmten Landsmannes. Genauer gesagt, auf den Spuren eines überaus spleenigen Engländers mit dicker Brieftasche, stoischer Gelassenheit und sportlichem Ehrgeiz: Es ist eine nostalgische Weltreise, die der Schriftsteller, Regisseur, Bildhauer und Theatermann Jean Cocteau (1889–1963) im Jahr 1936 unternimmt. Gewiss, sein literarisches Vorbild, der britische Gentleman Phileas Fogg, ist in Jules Vernes vielleicht berühmtesten Roman erst 60 Jahre zuvor auf der gleichen Route einmal um den Erdball gereist. Aber es war eine andere Zeit. Eine Zeit, als Segel- und Dampfschiffe die einzige Verbindung zwischen den Kontinenten darstellten. Als viele Bahnlinien erst im Entstehen waren. Und als eine Reise rund um die Erde in 80 Tagen noch ein echtes Abenteuer darstellte.

Zu Cocteaus Zeit reist man hingegen schon bequem im Zeppelin oder per Schnelldampfer von der Alten in die Neue Welt, überquert im Flugboot den Pazifik oder lässt sich im Propellerflugzeug von Metropole

zu Metropole tragen. Cocteau reizt diese rasante Art des Reisens hingegen nicht. Er folgt dem »Lockruf des Meeres« und setzt auf die Entdeckung der Langsamkeit – und er weiß, dass er sich trotz der vorgegebenen Zeitspanne viel Muße wird leisten können: »Achtzig Tage! Wir stellen uns vor, dieser halsbrecherische Wettlauf von 1876 wäre im Jahr 1936 ein gemütlicher Spaziergang mit saumseligem Herumlungern in jeder Hafenstadt.«

Mit Jean Prouvost, dem Herausgeber der Zeitschrift »Paris-Soir«, findet der Dandy einen finanziellen Unterstützer für sein fast dreimonatiges Vorhaben, und er revanchiert sich mit ausführlichen Berichten von den einzelnen Stationen der Reise. Später veröffentlicht er sie in einem Buch unter dem Titel »Meine Reise um die Welt in achtzig Tagen«. Und selbst einen Diener Passepartout wie sein Vorbild Fogg hat Cocteau dabei – in Gestalt des bekannten Zeichners Marcel Khill (1910–1940, eigentlich Mohammed Khellilu). Selbst das Gepäck ist ähnlich spartanisch wie bei dem reichen britischen Gentleman, der alles Fehlende unterwegs einzukaufen pflegte: »Zwei Koffer, in denen die Anzüge keine Falten bekamen, und ein Wäschesack, das war alles.«

Schon die Abreise klingt bei Cocteau kaum weniger hektisch als bei Fogg, der noch am Abend seiner folgenreichen Wette mit den Freunden im Londoner »Reform Club« die Reise antrat, um exakt 80 Tage später wieder im Club zu erscheinen. Cocteau kokettiert hier deutlich mit seinem Vorbild und schildert seinen Aufbruch so: »Wir beschlossen, ohne Aufschub am 28. März abzureisen und am 17. Juni um Mitternacht vor dem letzten Glockenschlag zurück zu sein. Die geringste Verspätung eines Schiffs, das geringfügigste Hindernis, der kleinste Rechenfehler, und es wäre um den Erfolg geschehen.«

Schon die erste Etappe hätte beinahe alles verdorben. Ein Irrtum in der Abfahrtszeit des Expresszugs in Richtung Italien lässt die Reisenden in allerletzter Minute an den Bahnhof eilen – fünf Minuten später, und die ganze Weltreise hätte mit einer Blamage begonnen. So aber reisen die beiden Weltenbummler im Expresszug nach Rom, durchstreifen die nächtliche Metropole und nehmen dann den Zug nach Brindisi. Von dort aus besteigen sie – nicht ganz der korrekten Route des Phileas Fogg folgend, der sich von Marseille aus nach Alexandria einschiffte – einen Dampfer nach Griechenland: »Die Darlegung unseres Vorhabens erleichtert die Formalitäten und verschafft uns eine Luxuskabine auf der KALITÄA. Das kleine weiße Schiff ähnelt den Dampfern, die zwischen Nizza und Korsika verkehren.«

In Athen angekommen, verpflichten Cocteau und Khill einen Polizisten, der gerade nicht im Dienst ist und der Französisch lernt, als Fremdenführer. Ein praktisches Unterfangen, gerade im überfüllten Zentrum der griechischen Metropole: »Die Anwesenheit eines Polizisten befreit uns vor jeglichem Gedränge.« Über Rhodos führt die Route weiter nach Alexandria. Die Reisenden besuchen Kairo, machen einen Ausflug zu den Pyramiden und den Königsgräbern, und Cocteau stöhnt: »Eine der ägyptischen Plagen ist der Fremdenführer.«

Am 8. April geht es ab Port Said weiter mit der STRATHMORE, einem Dampfer der P&O. Cocteau notiert: »Sechseinhalb Uhr morgens: der Zoll. Dampfpfeifen. Eingeborene Taucher fordern uns auf, Dollars ins Meer zu werfen, und stoßen Schreie aus wie Hühner, denen man den Hals abschneidet. Man gleitet zu Schiff dahin. Man kreuzt einen französischen Dampfer. Müde. Der endlose Suezkanal. Palmen folgen einander im Bullauge, von links nach rechts, sobald ich ein Auge öffne (...). Das Rote Meer. Sehr eigenartige

Unerträglichkeit einer Hitze, die nicht die unsere ist. Schweißbäche durchlöchern nachts die Haut und fließen zu schweren Tropfen zusammen. Hitze, gegen die man nicht ankommt, als wäre sie Fieber. Aus den Belüftungsöffnungen kommt eine mit heißer Luft fabrizierte Frische, eine künstliche Kühle. (…) Ich besichtige die Stewardkajüten (…). Arme nackte Burschen, die mit offenem Mund in Trauben auf Fliegenfängern kleben. Röchelnder, verkrampfter Schlaf. Die Maschinenhölle. Die Hitze nimmt zu.«

Dabei ist die STRATHMORE ein vergleichsweise komfortables Schiff von fast 24.000 Bruttoregistertonnen, das erst ein Jahr zuvor bei Vickers Armstrong in Barrows fertiggestellt wurde und damit zu den modernsten Dampfern auf der Südostasienroute gehört (und zugleich ein Schwesterschiff der STRATHAIRD ist, mit der Egon Erwin Kisch nach Australien gefahren war). Dennoch erleben auch Cocteau und Khill die Trägheit, die alle Reisenden auf dieser Route unweigerlich überfällt. Nach einem Zwischenstopp in Aden geht es weiter in Richtung Indien, und der französische Dandy lebt auf: »Auf dem Indischen Ozean ein wenig Frische. Der Große Bär steht völlig kopf. Methylenblaues Meer, glatt wie ein Teich. Die STRATHMORE gleitet dahin, schlingert und stampft kein einziges Mal.«

In Bombay erleben die Reisenden sozusagen vom Logenplatz aus den pompösen Abschied des Vizekönigs Lord Willingdon am Gate of India. »Rote Teppiche. Geschützdonner der Kriegsschiffe. Fahler, malvenblauer Nebel. Dann ist die Reihe an uns. Die STRATHMORE legt am Kai an wie im Chatelet-Theater.« Mit einer Droschke tauchen sie ins bunte Leben Bombays ein, bis sie mit dem Zug den indischen Subkontinent durchqueren. In der Hitze Indiens bedeutet dies eine Quälerei – und Cocteau bedauert, nicht wie Fogg mangels einer durchgehenden Eisenbahnstrecke auf andere

Verkehrsmittel ausweichen zu können: »Ich beneide Phileas Fogg (…). Auf dem Elefantenrücken dürfte es frischer gewesen sein als in unserer Schachtel.« Auf die Rettung einer schönen Inderin mitten im Dschungel muss Cocteau folgerichtig auch verzichten.

In Kalkutta bringt ein kleiner Ausflugsdampfer die Reisenden im Gewimmel des riesigen Hafens zu ihrem Schiff: »Da unsere, die TALAMBA, ist reinster Jules Verne.« Der Dampfer gefällt Cocteau: »Sie ist ein Schiff aus der Zeit, als die Gesellschaften nicht darauf ausgingen, den Reisenden zu verheimlichen, dass sie auf dem Meer wohnen, Schiff-Stil. Ausgezeichneter Stil. Viel dunkles Holz, niemals Marmor. Die weiß gemalten Ventilatoren: ein Wölkchen im Käfig.«

Im Golf von Bengalen ruft Cocteau begeistert aus: »Wir sind im Land des Dschungelbuchs.« In Rangun beeindrucken ihn Tempel und goldene Pagoden. Die nächste Reiseetappe legt er mit der KAROA zurück, verfolgt bequem vom Salon aus das Leben und Treiben an Deck, beispielsweise bei einem Zwischenstopp in Penang: »Durch die Speisesaalfenster sehen wir hinunter auf ein einzigartiges Spektakel. Das ganze Vorderteil des Kargos, der offene Laderaum: ein viereckiger Abgrund voller Säcke, schwarzer Dämonen, Schreie und Gesten (…). Die Rufe der Rottenführer. Chinesen mit Tropenhelmen notieren Ziffern. Die Aufsicht führen Mohammedaner mit schwarzen, goldkäferbraunen, granatroten Samtkäppchen.« Cocteau erlebt asiatisches Flair wie aus dem Bilderbuch – und wie aus einer längst vergangenen Zeit. In Singapur tauchen die Reisenden wieder in die pulsierende Gegenwart der 1930er-Jahre ein. Die Stadt kommt Cocteau durch und durch »englisch« vor: »Spielplätze, Tenniscourts, Terrains für Baseball und Rugby.«

In Singapur besteigt Cocteau erstmals einen japanischen Liniendampfer, die bereits 1912 in Dienst gestellte und knapp 11.000 BRT große KASHIMA-MARU. Cocteau notiert: »Das Schiff: nichts wie Lächeln, Begrüßungen, Bücklinge. Sehr alter Frachter, ausgezeichnete Bedienung, außergewöhnlicher Weinkeller.« Die Reisenden genießen verzückt die nächtliche Einfahrt in die Bucht von Hongkong, die Lichterfülle der Metropole als Kontrast zu den in Dunkelheit getauchten umgebenden Inseln. »Daneben erscheinen Rangun und Penang als Dörfer, als Trödelmärkte.« Die Fahrt geht weiter über Schanghai – und Cocteau macht unter den Reisenden eine erstaunliche Bekanntschaft: nämlich die mit Charlie Chaplin, der mit seiner Frau von Asien aus auf dem Weg nach Hollywood ist.

Chaplin und Cocteau: zwei große Künstlerpersönlichkeiten auf einem kleinen Schiff – aus der Nähe wächst eine Symbiose auf Zeit der beiden Männer. Man respektiert und bewundert sich gegenseitig, macht sich Höflichkeitsbesuche in den Kabinen, sitzt an der Bar zusammen, plaudert angeregt, erkundet zusammen die pulsierende Metropole Schanghai, schmiedet Pläne. Chaplin will Marcel Khill schließlich sogar als Darsteller für seinen nächsten Film gewinnen, doch der sagt mit großem Bedauern ab: Die gemeinsame Reise mit Cocteau, das Projekt der nostalgischen Weltreise ist ihm wichtiger, soll auf jeden Fall erfolgreich beendet werden. Auf dem amerikanischen Dampfer COOLIDGE überquert man gemeinsam den Pazifik, macht Station auf Hawaii, bevor sich in San Francisco die Wege trennen.

Reiste der britische Gentleman Phileas Fogg noch mit der Eisenbahn von der West- zur Ostküste der USA, nimmt Cocteau das Flugzeug – ganz dem neuen amerikanischen Tempo gemäß. Er erlebt den Grand Canyon bei Tag und während des Nachtflugs ein unheimliches Gewitter irgendwo über den Weiten des mittleren Westens – mit Assoziationen aus Wagners »Walkürenritt« und Goethes »Hexensabbat«.

Auf der ÎLE DE FRANCE, neben der NORMANDIE dem wohl bekanntesten französischen Luxusliner der 1930er-Jahre, überquert Cocteau von New York aus den Großen Teich. Ganz anders als bei Phileas Fogg verläuft die Atlantiküberquerung undramatisch und ohne Schwierigkeiten, und zufrieden notiert Cocteau: »Ich bin ruhig. Wir sind in Frankreich. Ich habe den Kreis geschlossen. Ich kehre heim.« Das letzte Kapitel seiner Reiseerlebnisse trägt folgerichtig den Titel: »17. Juni. Die gewonnene Wette. Phileas Fogg kehrt zurück.« Von Le Havre aus bewältigt Cocteau das letzte Stück der Reise per Zug – ganz wie sein literarisches Vorbild, nur dass es eben nicht nach London, sondern nach Paris geht.

Cocteau lebt noch bis 1963. Er produziert Filme, schreibt Bücher – und macht durch seine Beziehung mit dem Schauspieler Jean Marais Schlagzeilen. Wie Phileas Fogg mit der indischstämmigen Miss Aouda, so findet Cocteau zwar nicht während, aber kurz nach der Reise seines Lebens auch seinen langjährigen Lebenspartner. Der Kreis ist geschlossen. Die Erinnerungen an eine außergewöhnliche, schon damals aus der Zeit fallende nostalgische Reise rund um die Erde aber bleiben.

# In Sturmgewittern

Er gilt als Deutschlands »Jahrhundertschriftsteller«: 1895 geboren und 1998 im Alter von 102 Jahren verstorben, hat Ernst Jünger fast das komplette 20. Jahrhundert miterlebt und als Schriftsteller kritisch begleitet. Gefeiert, geehrt, doch über viele Jahrzehnte auch höchst umstritten. Sein 1920 erschienenes Kriegstagebuch »In Stahlgewittern«, macht den jungen Autor und ehemaligen Frontoffizier nach dem Ersten Weltkrieg zwar vor allem in nationalkonservativen Kreisen populär, überlagert aber auch sein späteres literarisches Werk. Erst im Alter findet Jünger breite Anerkennung, beispielsweise mit seinen Tagebüchern »Siebzig verweht«, die er anlässlich seines 70. Geburtstags beginnt und zu deren ersten Eintragungen die viermonatige Reise auf einem kombinierten Fracht- und Passagierschiff nach Asien im Sommer und Herbst 1965 gehört.

Zu diesem Zeitpunkt lebt der bekannte Schriftsteller schon seit gut eineinhalb Jahrzehnten im schwäbischen Wilflingen, hat fünf Jahre zuvor seine erste Frau Gretha verloren und nur eineinhalb Jahre später erneut geheiratet: Lieselotte Lohrer, promovierte Germanistin und Mitarbeiterin am Marbacher Literaturarchiv, 1917 im Sternzeichen des Stiers geboren und von Jünger nicht zuletzt dank ihrer patenten Art liebevoll als »Stierlein« bezeichnet. Ist Jünger in früheren Jahren (wie beispielsweise auf seiner »Atlantischen Fahrt« 1936 nach Brasilien, deren Aufzeichnungen er nach dem Krieg als Buch publiziert) stets allein oder zusammen mit Freunden gereist, begleitet ihn jetzt seine Frau auf den meisten Fahrten – so auch auf die große Schiffsreise um die halbe Welt.

Die Initiative geht dabei nicht von Jünger selbst aus, sondern von einem seiner vielen Freunde und Gönner. In diesem Fall ist es Werner Traber, Spross einer Hamburger Reederfamilie. Er ist seit 1953 Vorstandssprecher der Hapag, die wenige Jahre nach dem Zweiten Weltkrieg dank seiner Tatkraft erneut eine der international führenden Reedereien im Passagier- und Frachtverkehr wird. Doch gerade auf der Südostasienroute bröckelt das Geschäft Mitte der 1960er-Jahre bereits wieder ab: Die HAMBURG – das Schiff, das für vier Monate das Ehepaar Jünger beherbergen soll – ist zu diesem Zeitpunkt bereits zwölf Jahre alt und nicht mehr voll konkurrenzfähig. Eigentlich sind ein Dutzend Jahre kein Alter für ein Schiff, doch aufgrund der rasanten technischen Entwicklung – ein Jahr, bevor der Container seinen Siegeszug rund um die Welt antritt – ziehen andere, schnellere Schiffstypen längst vorbei.

Bei ihrem Bau 1952/53 ist die HAMBURG Typschiff einer Serie von sechs baugleichen Kombischiffen, die nach dem Ende des alliierten Bauverbots beim Bremer Vulkan vom Stapel laufen. Drei fahren unter Hapag-Flagge, drei unter der des Norddeutschen Lloyds, aber der schnell wachsenden Konkurrenz moderner Schiffe sind sie auf Dauer nicht gewachsen. Mit rund 9.000 Bruttoregistertonnen ist die knapp 164 Meter lange HAMBURG

nur mittelgroß. Als kombiniertes Fracht- und Passagierschiff transportiert sie nicht nur Stückgut, sondern verfügt auch über Kabinen für bis zu 87 Passagiere der ersten Klasse. Ein Service, der allerdings immer weniger genutzt wird: Zeit ist Geld, und immer mehr Passagiere ziehen Mitte der 1960er-Jahre den Interkontinentalflug der gemächlichen Schiffspassage vor, sodass die Reederei auf dieser Route Verluste einfährt. Maximal 17,5 Knoten (32 km/h) schafft das Einschraubenschiff mit seiner Maschinenleistung von 10.500 PS aus den MAN-Dieseln – nicht genug für eilige Geschäftsleute, aber genau richtig für den scharfen Beobachter Jünger, der Erlebnisse und Begegnungen mit seinen Mitpassagieren wahrnimmt wie unter einem Vergrößerungsglas und akribisch notiert.

Mit dem Schlafwagen aus Stuttgart trifft das Ehepaar Jünger am 11. Juni 1965 in Hamburg ein, übernachtet – mit schönem Blick auf die Elbe – im Gästehaus des Industriellen und Mäzens Alfred Töpfer, trifft Freunde und alte Bekannte. Zwei Tage später, am 13. Juni, beginnt schließlich die große Reise: Werner Traber persönlich holt die Jüngers ab und fährt sie zum Schiff – in das »Titanenreich« des Hafens, wie Jünger das riesenhafte Areal metaphorisch beschreibt. Das Quartier an Bord ist bequem, und Traber lässt es an nichts fehlen. Jünger notiert: »Die Kabine schmückten Rosen von ihm und Nelken von Justus, auch an Zigaretten und Whisky war gedacht. In dieser ›Kammer‹ werden wir vier Monate leben; sie ist geräumig, schön eingerichtet, mit zwei Fenstern, Bad, Toilette und einem abgetrennten Flur. Wir fanden das große Gepäck schon vor.«

Nach einem ausgiebigen, von Jünger als »Frühstück« bezeichneten Mittagessen legt die HAMBURG gegen 14 Uhr ab. Schon gegen Abend wird Bremerhaven erreicht, und den nächsten Tag nutzt Jünger die Zeit zu einem ausführlichen Landgang. Er reist noch in einer Epoche, in der die Hafenliegezeiten nicht in Stunden, sondern in Tagen bemessen sind und in der die Ladung noch in Säcken von den schiffseigenen Kränen in die geräumigen Ladeluken gehoben wird oder als Schüttgut an Bord kommt. Jünger findet hier zu Beginn der Reise ausreichend Muße, die Vorgänge genau zu beobachten und zu notieren, so bei dem zweitägigen Aufenthalt in Rotterdam: »Das Schiff schluckte Unmengen von Kali, das für Port Swettenham bestimmt ist, außerdem Güter aller Art.« Ähnlich die Beobachtungen in Antwerpen: »An der Reling. Schiffe in Ruhe und Bewegung, wippende Kräne und Batterien von Öltanks, dagegen viel weniger Personal, als man es vor dreißig Jahren sah.« Denn auch in den 1960er-Jahren hat der technische Fortschritt schon Einzug gehalten, zeichnet sich die Mechanisierung der Güterhäfen ab. Jünger, der ausgiebige Landgänge schätzt, empfindet die Liegezeiten jedoch bereits jetzt als zu kurz: »Da muss man mehr die Atmosphäre genießen, als sich mit Einzelnem einzulassen.«

Dafür findet Jünger an Bord die nötige Muße, liest Lichtenbergs Aphorismen, schreibt an drei Manuskripten gleichzeitig und wird später auf der Reise notieren: »Gut gearbeitet, abwechselnd auf dem Promenadendeck und im Lesesalon; wenn's dort zu laut wird, siedle ich in die Kabine über, die gut abgedichtet ist.« Er beobachtet Meer und Himmel, zieht Vergleiche zwischen einzelnen Möwenarten und nimmt auch seine Mitreisenden mit geradezu wissenschaftlichem Interesse wahr. Die kabbelige Biskaya (»Nachts Seegang. Da werden die Träume lebhafter«) verlässt die HAMBURG schon bald, und nach Umrundung von Cap Finisterre macht sich eine mediterrane Stimmung breit: »Aufschlagen der Liegestühle, Füllung des Schwimmbassins, Heiterkeit bei Personal und Gästen«. Am 26. Juni – längst hat die HAMBURG Gibraltar passiert, notiert Jünger: »Es wird wärmer. Gebadet. Wassertemperatur 24° Celsius. Kabinen und Speisesaal werden klimatisiert.«

Das Schiff fährt in Sichtweite der Riviera und der ligurischen Küste, bevor am Abend des 27. Juni Genua erreicht ist. Zwei Tage macht das Schiff hier Station – genug Zeit für die Jüngers, Freunde zu treffen und einen ausgiebigen Stadtbesuch zu unternehmen. Bei der Weiterfahrt passiert die HAMBURG in der Abenddämmerung den Lava speienden Stromboli – der Schriftsteller wird Zeuge des beeindruckenden Naturschauspiels. Starker Seegang verleidet Jünger die restliche Fahrt durchs Mittelmeer. Als ihm beim Essen übel wird, zieht er sich in die Kabine zurück, trinkt einen Whisky und verbringt die Zeit liegend mit Lesen. Immerhin: Am Abend ist er so weit wiederhergestellt, dass er am opulenten »Captain's Welcome« teilnehmen kann. Das Publikum ist international: »Wir sind jetzt, außer einem Ingenieur und seiner Gattin, unter Engländern, Franzosen, Amerikanern die einzigen deutschen Passagiere an Bord.« Auch die Besatzung stammt großenteils nicht aus Deutschland – Jünger erwähnt spanische Stewards und Chinesen in der Wäscherei.

Die HAMBURG durchquert den Suezkanal, dessen Ufer bereits zwei Jahre vor dem Sechstagekrieg von 1967 ein martialisches Bild bieten: »Rechts starke Befestigungen, Bunker, Geschützstände, Militärlager, Flugplätze, auf deren einem sich an die fünfzig Düsenjäger reihten, andere schwebten in der Luft.« Mit Zwischenhalt in Dschibuti geht die Fahrt weiter quer über den Indischen Ozean. Es ist Monsunzeit, und die stürmische See erinnert Jünger mehr an den Atlantik als an ein tropisches Meer: »Über den Kämmen Staubfahnen, in jeder leuchtet für einen Augenblick ein Regenbogen auf. Während des Mittagessens schlugen Brecher bis an die Scheiben; die Stewards näherten sich in schleifenden Tanzschritten.« Bei Windstärke sieben kämpft sich die HAMBURG durch die Wellen, die Passagiere schlafen schlecht und beim Frühstück geht etliches Geschirr zu Bruch.

Drei Tage später ist das Wetter wie verwandelt, und Jünger kann den Sonnenschein im Liegestuhl auf dem Bootsdeck genießen. Das Schiff läuft zunächst Penang an, aber ein längerer Aufenthalt ist erst in Port Swettenham (Port Klang) geplant. Der größte Seehafen Malaysias ist heute einer der größten Containerumschlagplätze weltweit, doch schon zu Jüngers Zeit ist der Warenverkehr beträchtlich. Das Ehepaar Jünger unternimmt mit einem Steward eine Autotour über Land, in die nahegelegene Hauptstadt Kuala Lumpur. Statt in ein einheimisches Lokal führt der indische Fahrer die Reisenden in ein Hotel im Kolonialstil, wo Jünger immerhin die ersehnten »crabs«, also ein Krebsgericht, serviert bekommt.

Da das Beladen des Schiffs überraschend länger dauert, nutzt Jünger die gewonnene Zeit zu einem Ausflug in die nahen Mangrovensümpfe, beobachtet dort die Tier- und Pflanzenwelt. Dafür bleiben in Singapur, wo das Schiff auf Reede liegt, nur drei Stunden für einen Besuch, immerhin ausreichend für »einige mehr oder minder zuträgliche Eindrücke von der Stadt«. Wieder hat Jünger Muße, seine Mitpassagiere zu beobachten. Vor allem zwei amerikanische Ehepaare, »die durch endlose Bridgepartien völlig beansprucht sind, soweit sie nicht in den Häfen ›shopping‹ gehen«, erwähnt er kritisch, auch wenn er von ihrer Liebenswürdigkeit sichtlich angetan ist. Auf der Rückreise trifft er einen weiteren Amerikaner, der nach 40 Jahren Berufsleben als Ananaspflanzer auf Hawaii nun schon seit 14 Jahren die Welt auf Schiffen bereist und damit nach Jüngers Kalkulation womöglich sogar kostengünstiger lebt als mit einem festen Wohnsitz an Land oder in einem teuren Altersheim.

Die Reise geht weiter über Manila, dem Jünger nicht viel abgewinnen kann: »Die großen Hafenstädte, auch in den Tropen, werden den europäischen immer ähnlicher. Sie gleichen sich an in der Kleidung und der Zirkulation ihrer Bewohner, den Fronten der Hochhäuser und vor allem im endlos fließenden Band der Verkehrsmittel. Bei Manila kommt hinzu, dass es als Phönix aus der Asche auferstanden ist; es gilt hinter Warschau als die am gründlichsten zerstörte Stadt der Welt.«

Auch Hongkong mit seinen Hochhausschluchten und den vielen Einwohnern auf engstem Raum findet nicht Jüngers Gefallen: »Unfassbar ist die Zahl der Bewohner; ich sah in den Korridoren Trauben von Menschen – fast als würden sie aus einer Röhre herausgepresst.« Eine Reise mit dem Mietwagen ins Hinterland, die »New Territories«, erscheint ihm mit den geforderten 50 Dollar als völlig überteuert. Kurz entschlossen besteigt Jünger stattdessen einen Autobus, fragt sich bei Schaffnern und Polizisten durch und gelangt so ebenfalls an sein Ziel – für 50 Cent.

Ziel und Wendepunkt der Reise ist Japan, wo die HAMBURG insgesamt zehn Tage lang Station macht. Gemeinsam besuchen die Jüngers Tokio – das in Jüngers Augen nicht viele historische Schätze zu bieten hat – und anschließend Kyoto, die historische Hauptstadt Japans. Jünger notiert seitenlang seine Beobachtungen über Kunst und Kultur, Besuche in Tempeln und japanischen Privathäusern und spart nicht mit seiner Bewunderung.

Einen Kontrast dazu bietet Taiwan: Hier hat Jünger bei seinem Landgang keine rechte Freude, da er auf jedem Spaziergang auf Bewaffnete trifft, die ihn am Weitergehen hindern. Überall meint er ein Gefühl des Misstrauens zu spüren, was auch kein Wunder ist: Gut 15 Jahre nach dem

Ende des Chinesischen Bürgerkriegs und mitten im Kalten Krieg stehen sich Taiwan – das »Nationalchina« unter General Tschiang Kai-schek – und die kommunistische Volksrepublik China feindlich gegenüber. Ablenkung finden die Jüngers immerhin bei einer Autofahrt ins Landesinnere mit dem sehr patenten deutschen Hapag-Vertreter vor Ort, abends genießen sie in dessen Hotel ein Dinner mit Pekingente und als Spezialität ganzen Haifischflossen, die freilich nicht Jüngers kulinarisches Wohlwollen finden.

An Bord erwartet Jünger dann noch eine andere tierische Überraschung: Der Kapitän schenkt dem begeisterten Entomologen und Käferexperten eine an Bord zufällig gefangene Riesenschwimmwanze, eines der größten Insekten überhaupt. Jünger zeigt sich erfreut über diese Bereicherung seiner Sammlung. Er selbst macht an Bord ebenfalls Jagd auf Insekten, wobei ihm nachts das hell erleuchtete Promenadendeck und die offenen Umgänge ein ideales Revier bieten.

Auf der Rückreise macht das Schiff Station in den von der Hinreise bekannten Häfen Manila, Singapur – diesmal mit ausreichend Zeit zur Besichtigung –, Port Swettenham und Penang. Jünger schreibt: »Wir rollen den Teppich wieder auf; die Häfen bieten nun weniger eine Entdeckung als ein Wiedersehen.« Auch die Rituale an Bord gleichen sich: »Abends Captain's Dinner, bei dem der Küchenchef, Herr Behrens, sich wieder einmal übertraf. Dieses Galadiner wiederholt sich während jedes Abschnitts der Reise, ebenso die große Schwedenplatte und das bayrische Bockbierfest.«

Die »Gewürzinsel« Ceylon (Sri Lanka) erlebt Jünger als den »Inbegriff tropischer Fülle«, weniger schön kommt ihm hingegen die Hauptstadt

Colombo vor: »Roter Staub, Motoren, Ochsenkarren, aber keine Rikschas; Matrosen, Händler, Soldaten, Polizisten, Bettler, Lastträger, Männer, Frauen und Kinder in asiatischen und europäischen Gewändern. (…) Dann Prachtalleen mit Palmen und Palästen und gleich daneben, wie angeschwemmter Kehricht, ein Stau erbärmlichster Hütten, vor denen nackte Kinder im Sand spielten.«

Einen Moment der Gefahr erleben die Passagiere dann mitten auf dem Indischen Ozean, als das Hauptkabel der HAMBURG durchschmort und Maschinen, Wasserversorgung und Kühlung ausfallen. Zwei Stunden lang treibt das Schiff manövrierunfähig auf dem Ozean, dann gelingt es den Technikern, den Schaden zu beheben. Die Motoren springen wieder an, Beleuchtung und Klimaanlage funktionieren wieder, und die Bordroutine geht im gewohnten Gang weiter, als sei nichts geschehen – »genau wie in Dornröschens Schloss«.

Über Dschibuti, wo Jünger den Kamelmarkt besucht, geht die Fahrt zurück durch den Suezkanal und das Mittelmeer. Nach Genua wird Marseille angelaufen, das Jünger in schlechter Erinnerung bleibt – als Ort der »Levante«: Erst wird das Ehepaar im Restaurant um einen Gang betrogen, dann bei einer Ausflugsfahrt zum Chateau d'If an der Nase herumgeführt. Das vermeintlich luxuriöse Touristenboot am Kai ist nur Attrappe, dahinter lauert verborgen das echte, weitaus schäbigere Boot, in das die überraschten Passagiere umsteigen müssen. Wegen starken Seegangs entfällt dann auch noch die versprochene Anlandung. Jünger ist zu Recht enttäuscht.

Mit dem Verlassen des Mittelmeers beginnt schließlich die letzte Etappe, die »Reise in den europäischen Herbst«. Am 7. Oktober macht die

HAMBURG in Bremerhaven fest, und Jünger notiert nach seinem Abendspaziergang am Deich lapidar: »Schiffsglocken, Nebelhörner, Melancholie.«

Es ist nicht die letzte Fernreise, die der bis ins hohe Alter geistig rege Schriftsteller unternimmt – so beobachtet er beispielsweise 1986 von Kuala Lumpur aus den Halleyschen Kometen zum zweiten Mal in seinem Leben. Ins öffentliche Bewusstsein rückt er auch im Alter immer wieder, beispielsweise anlässlich seines 100. Geburtstags im März 1995, zu dem Bundespräsident Roman Herzog, Bundeskanzler Helmut Kohl und Baden-Württembergs Ministerpräsident Erwin Teufel anreisen. Die HAMBURG existiert zu diesem Zeitpunkt schon lange nicht mehr: 1966/67 verkauft die Hapag die drei veralteten Schiffe der HAMBURG-Klasse an die Malaysia Overseas Lines, von der die HAMBURG den neuen Namen ORIENTAL WARRIOR erhält. Ihr zweites Leben ist kurz: 1972 läuft sie auf einer Reise von New York nach Hongkong vor der US-amerikanischen Küste auf Grund und geht wenig später verloren.

# Dichterreise rund um
# Kap Hoorn

Die See gehört an dieser Stelle zu den gefährlichsten Gewässern der Erde. Unzählige Schiffe sind hier gescheitert, ihre Wracks pflastern den gesamten Küstenverlauf. Für viele Matrosen und Kapitäne war die Umrundung des Kaps die Hölle, die je nach Wind und Wellengang manchmal Wochen oder gar Monate andauern konnte. Seine verkehrstechnische Bedeutung hat es mit der Fertigstellung des Panamakanals vor gut 100 Jahren längst verloren. Und doch oder gerade deswegen übt es bis heute eine geradezu magische Faszination aus: Kap Hoorn.

Auch der niederländische Schriftsteller Cees Nooteboom (geb. 1933) gehört zu dem kleinen ausgewählten Personenkreis, der das stürmische Kap am äußersten Ende Südamerikas bereits umrundet hat. Doch im Gegensatz zu den »Albatrossen«, den letzten »Kap Hoorniers«, die noch eine Umrundung per Segelschiff gewagt haben, hat es Nooteboom im

Jahr 2005 deutlich bequemer. Zum einen reist er zu Jahresbeginn, also mitten im Sommerhalbjahr auf der südlichen Erdhalbkugel. Zum anderen reist er mit der DEUTSCHLAND, dem 1998 in Dienst gestellten Fernseh-»Traumschiff« der Deilmann-Reederei. Seine zweiwöchige Reise geht vom chilenischen Valparaiso bis ins argentinische Buenos Aires, und das »schöne, altmodische Schiff« hat es Nooteboom von Beginn angetan: »22.400 Tonnen, 175 Meter lang, Eichentäfelung, blankpoliertes Messing, nicht eines dieser modernen schwimmenden Wohnsilos, die ich im Sommer in Spanien sehe.«

Der auch in Deutschland sehr bekannte Reiseschriftsteller und Erzähler ist nicht als normaler Passagier, sondern als Gastkünstler an Bord des Fünfsterneschiffs gekommen, und neben seinen Auftritten nutzt er die Zeit zum Verfassen ausführlicher Reisebeschreibungen, die unter dem Titel »Schiffstagebuch« erschienen sind. Nooteboom notiert: »Ich verdiene mir die Reise in der Admiralskajüte durch zwei Lesungen, von denen ich eine gemeinsam mit meinem Freund Rüdiger Safranski bestreiten werde, der solche Touren schon früher gemacht hat.« Als ein anderer Schriftsteller Nooteboom vor Beginn der Reise vorhält, dass er damit lediglich »ein Bediensteter« sei, kontert der: »Genau wie 1957, als ich zum ersten Mal nach Südamerika fuhr und die Überfahrt dadurch bezahlte, dass ich Toiletten schrubbte und die Herren Offiziere bei Tisch bediente.«

Damals hatte der junge Schriftsteller, der im gleichen Jahr mit dem Anne-Frank-Preis geehrt und damit überregional bekannt wurde, als Leichtmatrose auf einem Schiff in die Karibik angeheuert, um in Surinam beim Vater seiner Braut um deren Hand anhalten zu können. Die Ehe hielt nur wenige Jahre, doch die hart erarbeitete Reise ist dem arrivierten Schriftsteller

in bleibender Erinnerung. Auch sein Blick für die Mitreisenden ist daher scharf, vor allem für die anderen Künstler auf dem Schiff: »Bediensteter unter Bediensteten: An Bord sind weiterhin ein Gitarrist, eine Sängerin, eine Klassik-Pianistin aus Aserbaidschan, ein paar Tänzerinnen mit sehr langen Beinen, ein Zauberkünstler.«

Über Puerto Montt geht es die chilenische Westküste entlang bis nach Punta Arenas, der südlichsten Stadt des Landes. Am Denkmal für den Weltumsegler Magellan sinniert der Dichter lange über den Sinn und Wahnsinn der Entdeckung und Eroberung Amerikas nach. Doch eigentlich ist Nooteboom auf Spuren berühmter Schriftstellerkollegen unterwegs, die den Kontinent oft genug auch selbst mit geprägt haben. Schon in Santiago de Chile, dem Ausgangspunkt der Reise, begibt sich Nooteboom beispielsweise auf die Spuren des Nobelpreisträgers Pablo Neruda (1904–1973), speist im »Neruda-Restaurant« zu Abend und lässt den Genius Loci auf sich wirken: »Fotos, Bugspriete, Galionsfiguren, Gedichte, alles ist da, der Dichter kann jeden Moment eintreten und die ungebetenen Gäste hinausjagen.« Nooteboom bummelt durch die Gassen der Hauptstadt, flaniert am Präsidentenpalast vorbei, in dem Präsident Allende 1973 von General Pinochet aus dem Amt geputscht wurde.

Am nächsten Tag besucht Nooteboom das Wohnhaus des Schriftstellers, die »Casa di Isla Negra« an der chilenischen Pazifikküste: »Seekarten, Himmelsgloben, Galionsfiguren mit Bürsten für die Gischt, ein fliegender Engel aus dem dunkelsten Holz (…), sein Nobelpreis-Smoking, seine mächtigen Schuhe, sein großkariertes Tweedjackett, ein Flur voller Masken, die Bar, in der er seine Freunde bediente, Cocktails mit Cointreau und Kognac (…).« Wenige Worte genügen Nooteboom, um die Atmosphäre in dem vollgestopften und einem Museum gleichenden Wohnhaus des Dichters zu beschreiben. Er besucht dessen Grab in der Nähe des Strandes, auf dem Grab liegt ein großer Stein, »als habe jemand Angst gehabt, der Dichter wolle sich nachträglich noch davonmachen«. Eine bewusste Anspielung: Der antifaschistische und dem Sozialismus nahestehende Dichter starb nur zwölf Tage nach dem Pinochet-Putsch, die Umstände seines Todes sind wie bei Präsident Allende bis heute nicht völlig geklärt.

An Bord angekommen, findet sich Nooteboom schnell in die tägliche Routine eines Kreuzfahrtschiffs ein: »Das Leben an Bord hat Ähnlichkeit mit einem Kloster, alles geschieht zu festen Zeiten, und man kann nicht weg. Nach einer Weile hat man seine Schritte dem sanften Schaukeln angepasst, der feste Boden an Land fühlt sich danach merkwürdig an.« Gern hält sich der wissbegierige Schriftsteller auf der Brücke auf, lässt sich die Seekarten und die technischen Einrichtungen zeigen und hält einen Plausch mit dem Kapitän.

Auch die heikle Kap-Hoorn-Umrundung in der Nacht darf Nooteboom auf der Brücke miterleben, erneut direkt an der Seite des Kapitäns: »Er steht zwischen zwei Assistenten, eine Dreiermannschaft, die über die Wasserfläche späht, auf der nichts zu sehen ist. Sie stehen vor einer Batterie Computerschirme, doch sie schauen über sie hinweg auf die wilde See hinter den großen Fensterscheiben. Metamorphose: gestern Abend Captain's Dinner, schwarze Krawatte zur Galauniform mit dem Stern und den vier goldenen Streifen, (…) jetzt ein grober Pullover und ein Becher Kaffee, Herr über die wilde graue Fläche, Gesichtsausdruck: bereit für Abenteuer.« Die Kap-Hoorn-Umrundung ist auch für ein modernes Kreuzfahrtschiff wie die DEUTSCHLAND kein triviales Unterfangen, schon gar nicht bei Windstärke acht. 970 Millibar zeigt das Barometer, und Nooteboom will in dieser angespannt-konzentrierten Arbeitsatmosphäre der Brücke nicht weiter stören. »Ich komme mir überflüssig vor und gehe an Deck, wo der Wind mich beinahe umbläst.« Nooteboom muss an die vielen gescheiterten Schiffe denken, an die endlose Liste der Galeonen, Karavellen, Dampfschiffe und Yachten, die hier im Laufe der letzten Jahrhunderte untergegangen sind.

War die Kap-Hoorn-Umrundung schon ein unangenehmes, wenn auch spektakuläres Unterfangen, setzen die kommenden Tage noch eins drauf: Fünf Meter hohe Wellen bei Windstärke zehn bringen auch das rund 25.000 Bruttoregistertonnen große Schiff gehörig ins Rollen und Schlingern, und die meisten Passagiere ziehen sich in ihre Kabinen zurück. Nooteboom hingegen zeigt sich seefest: »Ich bin einer der wenigen, die noch in der Lounge sitzen, als der gesamte Gläserbestand der Bar mit einem wahnsinnigen Kreischen auf den Boden kracht.« Auch die aserbaidschanische Pianistin hält sich wacker, spielt ungeachtet des schwankenden Bodens stoisch Chopin – so eindrücklich, wie ihn Nooteboom nach eigenem Bekunden wohl nie wieder hören wird. Der Seegang ist weiterhin so stark, dass das Schiff nicht im südargentinischen Hafen Puerto Madryn anlegen kann und Nooteboom um einen Ausflug zu den Pinguinen kommt. Als »Trostpreis« erhalten die Passagiere einen Aufenthalt in Montevideo, der auf der Route eigentlich nicht vorgesehen war.

Auch für Nooteboom geht die Schiffsreise mit der Überquerung des still im Mondschein glitzernden Rio de la Plata und der Ankunft in Buenos Aires am darauffolgenden Morgen zu Ende. Die Künstler feiern ihren letzten Abend an Bord im »Alten Fritz«, der Bar am Heck der DEUTSCHLAND, trinken Himbeergeist und verabschieden sich voneinander. Auch Nooteboom lässt sich von der Herzlichkeit mitreißen, doch er fliegt nicht direkt nach Europa zurück wie die meisten anderen Passagiere und Gastkünstler, sondern besteigt ein Flugzeug nach Puerto Madryn – der Stadt, deren Besuch ihm der Sturm Tage zuvor noch verwehrt hatte. Hier beginnt Nootebooms zweiter Teil seiner Südamerikafahrt, die Fortsetzung seiner Reise auf Spuren seiner Schriftstellerkollegen. Und über die ganze Fahrt stellt Nooteboom ein Motto, wie es treffender und zeitübergreifender wohl nicht sein kann: »Reise ist Bewegung.«

# Nachwort

»Alle Mann an Bord«: Wie fast immer in der Seefahrt, so ist auch ein Buch über Seereisen nicht das Werk eines Einzelnen, sondern Resultat der Arbeit vieler engagierter Menschen. Ich möchte daher an dieser Stelle all jenen Personen und Institutionen danken, die es ermöglicht haben, dass dieses Buch nun gedruckt vorliegt.

Den Anstoß für dieses Buchprojekt verdanke ich Professor Peter Tamm, der mir auch den Kontakt zum Köhler Verlag vermittelt hat. Ich danke dem gesamten Team des Verlags und speziell dessen Geschäftsführer Thomas Bantle, der die Entstehung des Buches über mehrere Jahre wohlwollend verfolgt und es schließlich in sein Verlagsprogramm aufgenommen hat.

Dem Chefredakteur des Kreuzfahrtmagazins »an Bord«, Michael Wolf, danke ich dafür, dass er eine Artikelserie von mir über Schriftsteller-Seereisen in sein Heft aufgenommen hat. Die Artikel haben es mir ermöglicht, mich über Jahre kontinuierlich mit diesem Thema zu beschäftigen, und sie bilden die Grundlage für das vorliegende Buch.

Dem Freundeskreis der Künstlerwohnung Waldmühle Soltau danke ich für das Aufenthaltsstipendium im September/Oktober 2014. Die geschenkte Zeit in der Mühle hat es mir ermöglicht, fern des beruflichen Alltags die noch fehlenden Teile des Manuskripts abzuschließen.

Meiner Frau und meinen beiden Kindern danke ich für die Geduld, mit der sie die Entstehung des Manuskripts begleitet haben. Ich widme dieses Buch meinem Großvater Hans Eichner, der schon in den 1920er-Jahren ein begeisterter Kreuzfahrtpassagier war und dessen Liebe zum Meer ich geerbt habe.

Wiesbaden, im September 2015

*Karsten Eichner*

# Literaturverzeichnis

Bang, Hermann (sic!):
Der Große Kahn. Mit Gedenkworten von Peter Nansen und
Sophus Michaelis. Berlin 1919

Cocteau, Jean:
Meine Reise um die Welt in 80 Tagen. Leipzig 1991

Dickens, Charles:
American Notes. Köln 2000

Doyle, Arthur Conan:
»Dangerous work«. Diary of an Arctic Adventure. London 2012

Jünger, Ernst:
Siebzig verweht I. Stuttgart 1980

Jünger, Ernst:
Atlantische Fahrt. »Rio – Residenz des Weltgeistes«. Stuttgart 2013

Kersten, Joachim (Hrsg.):
Herman Bang – Eines Dichters letzte Reise. Hamburg/Zürich 2009

Kessler, Harry Graf:
Das Tagebuch 1880–1937. Zweiter Band: 1892–1897. Stuttgart 2004

144

Kisch, Egon Erwin:
Der rasende Reporter. 2. Aufl. Berlin 1996

Kisch, Egon Erwin:
Landung in Australien. Berlin 1993

Mainholz, Mathias (Hrsg.):
Hapag-Fahrt zu Odins Thron. Gorch Focks Norwegenreise 2013.
Hamburg/München 1999

Mann, Thomas:
Meerfahrt mit Don Quijote. Frankfurt am Main 2003

Nooteboom, Cees:
Schiffstagebuch. Ein Buch von fernen Reisen. Berlin 2012

Stevenson, Robert Louis:
Emigrant aus Leidenschaft. Ein literarischer Reisebericht. Zürich 2005

Trende, Frank (Hrsg.):
Jules Verne in Schleswig-Holstein. Bericht von Paul Verne. Husum 2005

Thackeray, William Makepeace:
Notes of a Journey from Cornhill to Grand Cairo. Heathfield 1991

Twain, Mark:
Die Arglosen im Ausland. Frankfurt am Main 1996